21世纪高校思想政治理论课"互联网+"新形态教材

U0621265

# 时代之窗：

# 大学生形势与政策简明教程

《时代之窗：大学生形势与政策简明教程》编写组◎编

中国出版集团 | 全国百佳图书
中国民主法制出版社 | 出版单位

图书在版编目（CIP）数据

时代之窗：大学生形势与政策简明教程/《时代之
窗：大学生形势与政策简明教程》编写组编 . — 北京：
中国民主法制出版社，2023.4
ISBN 978-7-5162-3164-7

Ⅰ.①时… Ⅱ.①时… Ⅲ.①时事政策教育－高等学
校－教材 Ⅳ.① G641.41

中国国家版本馆 CIP 数据核字（2023）第 068936 号

图书出品人：刘海涛
出版统筹：石 松
图书策划：张佳彬 徐海涛
责任编辑：姜 华

书 名/时代之窗：大学生形势与政策简明教程
作 者/《时代之窗：大学生形势与政策简明教程》编写组 编

出版·发行/中国民主法制出版社
地址/北京市丰台区右安门外玉林里 7 号（100069）
电话/（010）63055259（总编室） 63058068 63057714（营销中心）
传真/（010）63055259
http://www.npcpub.com
E-mail: mzfz@npcpub.com
经销/新华书店
开本/16 开 787 毫米 ×1092 毫米
印张/12 字数/222 千字
版本/2023 年 7 月第 1 版 2023 年 7 月第 1 次印刷
印刷/江西峰澜瞭远印刷有限公司

书号/ISBN 978-7-5162-3164-7
定价/39.00 元
出版声明/版权所有，侵权必究。

# 编 写 组

主　编：张国玉　　王　涛　　任丽莉

副主编：范习中　　陈冬杏　　宋晓敏　　李　巍

编　委：孙小悦　　王　芳　　张慧芳　　尹依明　　李春杰

　　　　杨赛蕾　　马晓亮　　于梦佳　　杜小洁　　郑玄芳

　　　　岳　奎　　张继国　　徐晓云　　王　坤　　汪　培

　　　　孙佳丽　　耿学莉　　黎定政　　杜　骞　　刘　备

　　　　徐茂阳　　郭常山　　卜翔燕　　张开菊　　臧　蕾

　　　　秦小丽　　孙炜炜　　孙延成　　李新苗　　段世娇

　　　　李泓辉　　刘建宏　　刘　松　　兰美荣

# 前言

"青年强，则国家强。当代中国青年生逢其时，施展才干的舞台无比广阔，实现梦想的前景无比光明。"这段话来自党的二十大报告收尾部分，习近平总书记对青年的赞许和期待溢于言表。青年成长于中华民族荣光的时代，奋斗于比历史上任何时期都更接近实现中华民族伟大复兴的光辉目标的新时代。作为新时代中国青年，我们处在"两个一百年"、实现中华民族伟大复兴的关键时期，站在历史和未来、中国和世界的交汇点上。一代人有一代人的长征，一代人有一代人的担当，成为社会主义建设者和接班人，不辱时代使命，不负人民期望是广大青年最大的人生际遇，也是最大的人生考验。

"形势与政策"课是理论武装时效性、释疑解惑针对性、教育引导综合性都很强的一门高校思想政治理论课，是对大学生进行形势与政策教育的主渠道和主阵地，它在引导学生正确认识国内外形势、正确理解党和国家方针政策方面具有不可替代的重要作用。当前，世界百年未有之大变局进入加速演变期，多重挑战和危机交织叠加，国内改革进入攻坚期和深水区，社会矛盾多发叠加，各种可以预见和难以预见的安全风险挑战前所未有，世界之变、时代之变、历史之变正以前所未有的方式展开。作为中国特色社会主义接班人和建设者的大学生正处于世界观、人生观和价值观形成的关键时期，通过形势与政策教育，可以帮助大学生客观、全面、正确地看待当今的国内外形势，正确理解党的方针政策，增强明辨是非的能力，坚定对马克思主义的信仰、对中国特色社会主义的信心，深刻领悟"两个确立"的决定性意义，增强"四个意识"、坚定"四个自信"、做到"两个维护"，在思想上、政治上、行动上同以习近平同志为核心的党中央保持高度一致。大学生肩负着建设现代化强国、实现中华民族伟大复兴的重大使命，必须把自己的发展融入国家、社会发展之中。

本书以党的二十大精神为指导，以当前党和国家重大战略问题为关注点，分不同专题进行了简明扼要的阐述和解析，从学理上讲清楚，从问题上讲透彻，做到心中有数、头脑清晰、学思结合、明辨笃行。每个专题除主要内容外，我们还精心设计了"知识链接""见'习'日记""相关链接""拓展阅读""阅读推荐"及"思考题"等辅助模块。"知识链接"对正文中提到的相关知识点进行介绍；"见'习'日记"收集整理习近平总书记相关讲话，帮助学生学习习近平总书记重要讲话精神；"相关链接"采用二维码展现，以视频或图文的形式丰富本专题的内容;"拓展阅读"选取与本专题相关的文章,供学生多方面了解本专题知识;"阅读推荐"为学生推荐若干相关文章资料,供学生在课后查阅学习,加深理解;"思考题"围绕专题内容提出相关问题,启发学生进行思考。本书图文并茂,视听结合,形式多样,时效性、针对性、趣味性和可读性强,希望能帮助广大学生更好地学习"形势与政策"课。

在本书的编写过程中,我们参考和引用了有关专家的研究成果,查阅了大量权威网站、书刊和报纸的有关内容,听取和吸收了相关学科专家的宝贵建议,在此一并表示诚挚的感谢。尽管我们力求完美,但因水平所限,书中难免存在不足或疏漏之处,敬请广大读者朋友提出宝贵意见,以便我们在今后的工作中不断完善和提高。

编　者
2023 年 7 月

# 目录

专题一

不断增进对党的创新理论的政治认同、思想认同、理论认同、情感认同

一个民族要走在时代前列，就一刻不能没有理论思维，一刻不能没有正确思想指引。始终坚持以科学理论引领、用科学理论武装，是我们党的政治优势，更是我们党成就伟大事业的根本保证。

伟大的时代，必将产生伟大的思想；伟大的思想，必将指引伟大的时代。

中国共产党为什么能，中国特色社会主义为什么好，归根到底是马克思主义行，是中国化时代化的马克思主义行。这是我们学习领会习近平新时代中国特色社会主义思想需要首先把握的最根本问题，是青年大学生不断增进对党的创新理论的政治认同、思想认同、理论认同、情感认同的基本前提。

## 一、全面把握党的创新理论的精髓要义

对于党的创新理论的科学体系、精髓要义、实践要求，党的十九大、十九届六中全会提出的"十个明确""十四个坚持""十三个方面成就"充分展现了党的十八大以来党和国家事业取得的成就和变革，涵盖了原创性思想、变革性实践、突破性思维、标志性成果。党的二十大把这些概括为习近平新时代中国特色社会主义思想的主要内容，明确提出"六个必须坚持"是贯穿习近平新时代中国特色社会主义思想的世界观和方法论，呈现了这一思想全面、系统、完整的理论形态。

### （一）"十个明确"：概括精神实质

党的十九届六中全会通过《中共中央关于党的百年奋斗重大成就和历史经验的决议》，其中，在党的十九大报告"八个明确"的基础上，用"十个明确"对习近平新时代中国特色社会主义思想的核心内容作了进一步概括。

一是明确中国特色社会主义最本质的特征是中国共产党领导。

二是明确坚持和发展中国特色社会主义。

三是明确新时代我国社会主要矛盾是人民日益增长的美好生活需要和不平衡不充分的发展之间的矛盾，坚持以人民为中心的发展思想。

四是明确中国特色社会主义事业总体布局是经济建设、政治建设、文化建设、社会建设、生态文明建设"五位一体"。

五是明确全面深化改革总目标是完善和发展中国特色社会主义制度、推进国家治理体系和治理能力现代化。

六是明确全面推进依法治国总目标是建设中国特色社会主义法治体系、建设社会主义法治国家。

七是明确必须坚持和完善社会主义基本经济制度，使市场在资源配置中起决定性作用，更好发挥政府作用。

八是明确党在新时代的强军目标是建设一支听党指挥、能打胜仗、作风优

良的人民军队，把人民军队建设成为世界一流军队。

九是明确中国特色大国外交要服务民族复兴、促进人类进步，推动建设新型国际关系，推动构建人类命运共同体。

十是明确全面从严治党的战略方针。

"十个明确"是我们党通过科学的理论建构，对习近平新时代中国特色社会主义思想的核心要义进行的系统阐释，是新时代理论创新成果的集中体现。"十个明确"是支撑习近平新时代中国特色社会主义思想这座理论大厦的主体部分，构成了这一思想的"四梁八柱"。"十个明确"提纲挈领系统回答了新时代坚持中国特色社会主义、建设社会主义现代化强国、建设长期执政的马克思主义政党等重大时代课题，推动破解共产党长期执政的历史性难题，成功探索出建设社会主义现代化强国的中国道路，推动马克思主义中国化时代化进入新的发展阶段，实现了新的飞跃，其内容涵盖了新时代坚持和发展中国特色社会主义的总任务、我国社会主要矛盾、总体布局和战略布局、总目标、发展方式、发展动力、外部条件、政治保证等基本问题，形成了系统全面、逻辑严密、内涵丰富、内在统一的科学理论体系。对大学生来说，把握住了"十个明确"，就掌握了这一重要思想的主要观点和基本精神。

## （二）"十四个坚持"：行动纲领

"十四个坚持"是习近平总书记在党的十九大报告中提出的新时代中国特色社会主义理论，回答了新时代怎样坚持和发展中国特色社会主义，并称之为"新时代坚持和发展中国特色社会主义的基本方略"。

一是坚持党对一切工作的领导。

二是坚持以人民为中心。

三是坚持全面深化改革。

四是坚持新发展理念。

五是坚持人民当家作主。

六是坚持全面依法治国。

七是坚持社会主义核心价值体系。

八是坚持在发展中保障和改善民生。

九是坚持人与自然和谐共生。

十是坚持总体国家安全观。

十一是坚持党对人民军队的绝对领导。

十二是坚持"一国两制"和推进祖国统一。

十三是坚持推动构建人类命运共同体。

十四是坚持全面从严治党。

"十四个坚持"体现了党治国理政总体方略和具体方略的统一，是对新时代我们党治国理政重大方针原则的高度凝练和科学概括，对我们党不同时期形成的基本纲领、基本经验、基本要求作了整合发展，是习近平新时代中国特色社会主义思想的重要组成部分，是落实这一重要思想的实践要求，构成了新时代坚持和发展中国特色社会主义的基本方略。

## （三）"十三个方面成就"：新时代新境界

党的十八大以来，以习近平同志为核心的党中央，以伟大的历史主动精神、巨大的政治勇气、强烈的责任担当，统筹国内国际两个大局，贯彻党的基本理论、基本路线、基本方略，统揽伟大斗争、伟大工程、伟大事业、伟大梦想，坚持稳中求进工作总基调，出台一系列重大方针政策，推出一系列重大举措，推进一系列重大工作，战胜一系列重大风险挑战，解决了许多长期想解决而没有解决的难题，办成了许多过去想办而没有办成的大事，推动党和国家事业取得历史性成就、发生历史性变革。党的十九届六中全会从13个方面概括新时代发展的成就，对党的十八大以来党治国理政采取的重大方略、重大工作、重大举措进行了系统阐述，体现了这个阶段的原创性思想、变革性实践、突破性进展、标志性成果。

图为2023年5月6日，全球最大新造集装箱船"MSC MICHE"（"鑫福104"）轮在多艘拖带轮的协助作业下，缓缓驶离江苏省太仓港经济技术开发区扬子三井造船有限公司码头，驶往浙江花鸟山海域开启试航作业。本次试航将按计划对船舶操纵性、稳定性及相关设备性能等进行测试和验证

一是在坚持党的全面领导上，党中央权威和集中统一领导得到有力保证。

二是在全面从严治党上，党的自我净化、自我完善、自我革新、自我提高能力显著增强。

三是在经济建设上，我国经济发展平衡性、协调性、可持续性明显增强。

四是在全面深化改革开放上，党不断推动全面深化改革向广度和深度进军。

五是在政治建设上，积极发展全过程人民民主。

六是在全面依法治国上，中国特色社会主义法治体系不断健全。

七是在文化建设上，我国意识形态领域形势发生全局性、根本性转变。

八是在社会建设上，人民生活全方位改善。

九是在生态文明建设上，我国生态环境保护发生历史性、转折性、全局性变化。

十是在国防和军队建设上，人民军队实现整体性革命性重塑、重整行装再出发。

十一是在维护国家安全上，国家安全得到全面加强。

十二是在坚持"一国两制"和推进祖国统一上，推动香港局势实现由乱到治的重大转折，坚持一个中国原则和"九二共识"，牢牢把握两岸关系主导权和主动权。

十三是在外交工作上，中国特色大国外交全面推进。

"十三个方面成就"全景展示了以习近平同志为核心的党中央治国理政理念、成就和经验，彰显了新时代的伟大成就和伟大变革，既是习近平新时代中国特色社会主义思想指导的结果，又以一系列重要的原创性成果丰富发展了这一重要思想，充分说明习近平新时代中国特色社会主义思想开辟了马克思主义中国化时代化新境界。

**知 识 链 接**

　　理论的价值在于指导实践，理论的说服力、感召力从根本上说源于在科学指导实践中展现的真理力量。中国共产党为什么能，中国特色社会主义为什么好，归根到底是马克思主义行，是中国化时代化的马克思主义行。新时代十年伟大变革，根本在于有习近平同志作为党中央的核心、全党的核心掌舵领航，根本在于有习近平新时代中国特色社会主义思想科学指引。习近平新时代中国特色社会主义思想源自实践，又指导实践，深刻回答了新时代党和国家发展面临的一系列重大理论和现实问题。打赢人类历史上规模最大的脱贫攻坚战，创造了彪炳史册的人间奇迹；取得疫情防控重大决定性胜利，创造了人类文明史上人口大国成功走出疫情大流行的奇迹；续写经济快速发展和社会长期稳定两大奇迹，我国经济总量突破120万亿元；坚定维护香港稳定，推动香港进入由乱到治走向由治及兴的新阶段；全面推进中国特色大国外交，推动构建人类命运共同体，我国国际影响力、感召力、塑造力显著提升……党的十八大以来，在习近平新时代中国特色社会主义思想科学指引下，我们党团结带领人民勇于进行具有许多新的历史特点的伟大斗争，成功应对前进道路上的各种风险挑战，攻克了一个个看似不可攻克的难关险阻，创造了一个个令人刮目相看的人间奇迹。

### （四）"六个必须坚持"：科学的世界观和方法论指引

党的二十大报告鲜明指出："继续推进实践基础上的理论创新，首先要把握好新时代中国特色社会主义思想的世界观和方法论，坚持好、运用好贯穿其中的立场观点方法。"报告从六个方面作了概括和阐述：

一是必须坚持人民至上。

二是必须坚持自信自立。

三是必须坚持守正创新。

四是必须坚持问题导向。

五是必须坚持系统观念。

六是必须坚持胸怀天下。

"六个必须坚持"是相互联系、内在统一的有机整体，贯穿于"十个明确""十四个坚持""十三个方面成就"的全部内容之中。对此，习近平总书记在二十届中央政治局第四次集体学习时的讲话中特别强调："这'六个必须坚持'，也是新时代中国特色社会主义思想的立场观点方法的重要体现。只有准确把握包括'六个必须坚持'在内的新时代中国特色社会主义思想的立场观点方法，才能更好领会这

相关链接
深刻领会"六个必须坚持"

一思想的精髓要义，才能把思想方法搞对头，认识问题才站得高，分析问题才看得深，开展工作也才能把得准，确保张弛有度、收放自如。"

总而言之，"十个明确"概括了习近平新时代中国特色社会主义思想的核心内容，是支撑这一思想理论的主体部分，构成了这一思想的"四梁八柱"。"十个明确"所阐述的是非常重要的内容，直接使用"是"的判断，重点回答新时代坚持和发展什么样的中国特色社会主义等。"十四个坚持"是对新时代我们党治国理政重大方针原则的高度凝练和科学概括，对我们党不同时期形成的基本纲领、基本经验、基本要求作了整合，是习近平新时代中国特色社会主义思想的重要组成部分，侧重回答新时代怎样坚持和发展中国特色社会主义等。"十三个方面成就"全景展示了以习近平同志为核心的党中央治国理政理念、成就和经验，既是习近平新时代中国特色社会主义思想指导的结果，又以一系列重要原创性成果丰富发展了这一重要思想。"六个必须坚持"则是党的二十大对习近平新时代中国特色社会主义思想的世界观和方法论的概括提炼，也是对贯穿其中的立场观点方法的概括提炼。

## 二、深刻领悟新时代党的创新理论的真理力量

马克思在《〈黑格尔法哲学批判〉导言》中指出："理论只要说服人，就能

掌握群众；而理论只要彻底，就能说服人。所谓彻底，就是抓住事物的根本。"党的创新理论之所以为人民所喜爱、所认同、所拥有，根本原因就是其来自人民的创造性实践而又服务于人民。

党的百余年辉煌历程证明，一个民族要走在时代前列，就一刻不能没有理论思维，一刻不能没有思想指引。中国共产党把马克思列宁主义同中国实际相结合，不断推进马克思主义中国化时代化，不断开辟马克思主义在中国发展的新境界。

## （一）马克思主义中国化时代化新的飞跃

习近平总书记指出："马克思主义始终是我们党和国家的指导思想，是我们认识世界、把握规律、追求真理、改造世界的强大思想武器。"马克思主义是我们立党立国、兴党兴国的根本指导思想。拥有马克思主义科学理论指导是我们党坚定信仰信念、把握历史主动的根本所在。推进马克思主义中国化时代化是一个追求真理、揭示真理、笃行真理的过程。中国共产党人始终是马克思主义的忠诚信奉者、坚定实践者。作为新时代的理论精华，习近平新时代中国特色社会主义思想实现了马克思主义中国化时代化新的飞跃，在马克思主义发展史上具有十分重要的地位。

中国共产党是一贯重视理论指导和勇于进行理论创新的无产阶级政党。一百多年来，中国共产党始终坚持以马克思主义为指导，及时回答时代之问、人民之问、世界之问，不断推进马克思主义中国化时代化。中国共产党在领导中国革命、建设、改革的长期实践中，始终坚持把马克思主义基本原理同中国具体实际相结合，以马克思主义中国化时代化最新成果指引社会主义事业新的实践。以毛泽东同志为主要代表的中国共产党人，把马克思列宁主义基本原理同中国具体实际相结合，创立、丰富和发展了毛泽东思想，实现了马克思主义中国化时代化的第一次历史性飞跃。改革开放以来，以邓小平、江泽民、胡锦涛为主要代表的中国共产党人提出并回答"什么是社会主义、怎样建设社会主义""建设什么样的党、怎样建设党""实现什么样的发展、怎样发展"等，创立了邓小平理论，形成了"三个代表"重要思想、科学发展观，实现了马克思主义中国化时代化新的飞跃。

党的十八大以来，以习近平同志为核心的党中央，坚持把马克思主义基本原理同中国具体实际相结合、同中华优秀传统文化相结合，立足新时代的历史方位，统筹把握中华民族伟大复兴战略全局和世界百年未有之大变局，深刻总结并充分运用党的历史经验，对新时代党和国家事业发展的一系列重大理论和实践问题进行深邃思考和科学判断，系统回答了新时代坚持和发展什么样的中国特色社会主义、怎样坚持和发展中国特色社会主义，建设什么样的社会主义现代化强国、怎样建设社会主义现代化强国，建设什么样的长期执政的马克思主义政党、怎样建设长期执政的马克思主义政党等重大时代课题，创立了习近平新时代中国特色社会主义思想，实现了对中国特色社会主义建设规律认识的新突破，指明了中国式现代化道路的新图景。这一系列具有标志性、引领性的原创性思想，以全新视野深化了对共产党执政规律、社会主义建设规律、人类社会发展规律的认识，在马克思主义哲学、政治经济学、科学社会主义各个领域都作出了重大的原创性贡献，是马克思主义中国化时代化的最新理论成果，同时也标识了当代中国马克思主义、二十一世纪马克思主义的思想高度。

### （二）"两个结合"开创党的理论创新新格局

在深化改革的伟大实践中，中国共产党人深刻认识到，只有把马克思主义基本原理同中国具体实际相结合、同中华优秀传统文化相结合，坚持运用辩证唯物主义和历史唯物主义，才能正确回答时代和实践提出的重大问题，才能始终保持马克思主义的蓬勃生机和旺盛活力。

"两个结合"是习近平总书记提出的一个新的重大命题，开创了我们党理论创新的新格局。党的二十大报告展开论述了"两个结合"，对"两个结合"的重大意义、基本内涵和实践要求进行了系统、科学、完整的阐述，指明了实现马克思主义中国化时代化的根本途径，揭示了马克思主义在二十一世纪中国生机勃发的核心密码。

坚持和发展马克思主义，必须同中国具体实际相结合。这是中国共产党百余年奋斗历程中一条颠扑不破的定律。我们坚持以马克思主义为指导，是要运用其科学的世界观和方法论解决中国的问题，而不是要背诵和重复其具体结论和词句，更不能把马克思主义当成一成不变的教条。我们必须坚持解放思想、实事求是、与时俱进、求真务实，一切从实际出发，着眼解决新时代改革开放和社会主义现代化建设的实际问题，不断回答中国之问、世界之问、人民之问、时代之问，作出符合中国实际和时代要求的正确回答，得出符合客观规律的科学认识，形成与时俱进的理论成果，更好指导中国实践。

坚持和发展马克思主义，必须同中华优秀传统文化相结合。只有植根本国、本民族历史文化沃土，马克思主义真理之树才能根深叶茂。中华优秀传统文化源远流长、博大精深，是中华文明的智慧结晶，其中蕴含的"天下为公、民为邦本、为政以德、革故鼎新、国家统一、任人唯贤、天人合一、自强不息、厚德载物、讲信修睦、亲仁善邻"等，是中国人民在长期生产生活中积累的宇宙观、天下观、社会观、道德观的重要体现，同科学社会主义核心价值观主张具有高度契合性。我们必须坚定历史自信、文化自信，坚持古为今用、推陈出新，把马克思主义思想精髓同中华优秀传统文化精华贯通起来、同人民群众日用而不觉的共同价值观念融通起来，不断赋予科学理论鲜明的中国特色、历史底蕴，不断夯实马克思主义中国化时代化的历史基础和群众基础，让马克思主义在中国牢牢扎根，成为中国人民喜闻乐见、内化于心的思想指引。

对于马克思主义与中华优秀传统文化的结合，习近平总书记在2023年6月2日出席文化传承发展座谈会时做了深刻系统的阐述：在五千多年中华文明深厚基础上开辟和发展中国特色社会主义，把马克思主义基本原理同中国具体实际、同中华优秀传统文化相结合是必由之路。这是我们在探索中国特色社会主义道路中得出的规律性的认识，是我们取得成功的最大法宝。第二个结合是我们党对马克思主义中国化时代化历史经验的深刻总结，是对中华文明发展规律的深刻把握，表明我们党对中国道路、理论、制度的认识达到了新高度，表明我们党的历史自信、文化自信达到了新高度，表明我们党在传承中华优秀传统文化中推进文化创新的自觉性达到了新高度。

### （三）二十一世纪的马克思主义

习近平新时代中国特色社会主义思想是马克思主义中国化时代化在二十一世纪的时代表达。首先，这一思想深刻回答了马克思主义中国化时代化"向何处化"的重大问题，这就是：以史为鉴、开创未来，不断朝着实现中华民族伟大复兴、实现中国特色社会主义共同理想和共产主义远大理想而奋进。同时，这一思想又深刻回答了马克思主义中国化时代化"如何化"的

🔗 相关链接
【金牌思政课】开辟马克思主义中国化时代化新境界

重大问题，这就是：必须坚持党的领导和马克思主义指导地位不动摇，立足中国实际，依靠中国人民，洞察时代大势，把握历史主动，不断推进中华民族伟大复兴。

这一思想围绕坚持和发展中国特色社会主义、推进和拓展中国式现代化、坚持和加强党的全面领导等重大理论和实践课题，提出一系列原创性的治国理政新理念新思想新战略，系统性地深化了对共产党执政规律、社会主义建设规律、人类社会发展规律的认识，创造性地拓展了马克思主义哲学、马克思主义政治经济学、科学社会主义的内涵，提出了许多标志性引领性的新思想新观点新论断，既坚持了老祖宗，又讲了许多新话，赋予马克思主义更为鲜明的中国特色、更为显著的时代特征、更为生动的实践特点，使马克思主义以旺盛活

力和崭新形象展现于世，赋予马克思主义鲜明的时代特色、时代内涵、时代活力。

见"习"日记

拥有马克思主义科学理论指导是我们党鲜明的政治品格和强大的政治优势。实践告诉我们，中国共产党为什么能，中国特色社会主义为什么好，归根到底是马克思主义行。党的十八大以来，国内外形势新变化和实践新发展，迫切需要我们深入回答一系列重大理论和实践问题。我们坚持把马克思主义基本原理同中国具体实际相结合、同中华优秀传统文化相结合，形成了新时代中国特色社会主义思想，实现了马克思主义中国化新的飞跃。全党要把握好新时代中国特色社会主义思想的世界观和方法论，坚持好、运用好贯穿其中的立场观点方法，在新时代伟大实践中不断开辟马克思主义中国化时代化新境界。

——2022年7月26日至27日，习近平总书记在省部级主要领导干部"学习习近平总书记重要讲话精神，迎接党的二十大"专题研讨班上的讲话

## 三、让创新思想入脑入心必须做到"四个认同"

新时代，我们要全面学习领会习近平新时代中国特色社会主义思想的科学体系、精髓要义、实践要求，不断增进对党的创新理论的政治认同、思想认同、理论认同、情感认同，为全面建设社会主义现代化国家、全面推进中华民族伟大复兴而团结奋斗。图为读者在习近平新时代中国特色社会主义思想主题出版物展览前阅读

2023年4月3日，习近平总书记在学习贯彻习近平新时代中国特色社会主义思想主题教育工作会议上强调，要牢牢把握"学思想、强党性、重实践、建新功"的总要求。学思想，就是要全面学习领会新时代中国特色社会主义思想，全面系统掌握这一思想的基本观点、科学体系，把握好这一思想的世界观、方法论，坚持好、运用好贯穿其中的立场观点方法，不断增进对党的创新理论的政治认同、思想认同、理论认同、情感认同，真正把马克思主义看家本领学到手，自觉用新时代中国特色社会主义思想指导各项工作。"理论学习贵在独立思考、学用结合、学有所悟、

用有所得"，我们只有学深悟透、融会贯通，把习近平新时代中国特色社会主义思想内化于心、外化于行，才能真正把马克思主义看家本领学到手，由真信真学到真懂真用，自觉做到政治上坚定、思想上明确、理论上清醒、情感上笃诚，切实把党的创新理论贯彻落实到我们的学习和实际工作中。

## （一）政治认同

政治认同既是把社会成员团结和组织起来的重要凝聚力量，又是激励和促进社会成员共同奋斗与前进的重要思想基础。对新时代的青年学生来说，政治认同就是要从党和国家、民族和人民利益的高度，对习近平新时代中国特色社会主义思想的政治地位、政治立场、政治价值发自内心地认同。

习近平新时代中国特色社会主义思想是马克思主义中国化时代化最新成果。这一重要思想蕴含着鲜明的政治属性，集中体现为坚持马克思主义的政治立场、坚持共产主义的政治方向、坚持党的全面领导和以人民为中心的政治原则、坚持中国特色社会主义的政治道路，为我们永续发展指明了前进方向，提供了根本遵循。新时代的中国青年是值得信赖、堪当大任的一代新人，要深刻理解党的创新理论的政治性，把党的政治属性转化为自身坚定政治立场、坚守政治底线、坚持政治信仰的强大力量，坚持用党的理想信念引领青年学生坚定理想信念，不忘党的初心使命，坚定前进方向，获得奋斗不止的动力源泉，获得抵御侵蚀和风险的强大抗体。广大青年学生要始终在政治立场、政治方向、政治原则、政治道路上同党中央保持高度一致，真正做到忠诚党和人民，忠诚马克思主义，忠诚党的初心使命，忠诚党的理论和路线方针政策，更加自觉坚持和捍卫"两个确立"，增强"四个意识"、坚定"四个自信"、做到"两个维护"，发自内心拥戴核心、毫不动摇信赖核心、始终不渝忠诚核心、坚定不移维护核心，不断提高政治判断力、政治领悟力、政治执行力，在任何时刻面对任何问题时都要做到头脑清醒、眼睛明亮、态度坚决。

## （二）思想认同

思想决定行动。思想认同，就是从思想认识上，对习近平新时代中国特色社会主义思想的科学性、体系性、有效性发自内心地认同。增强思想认同，最基本的在于认同新思想解决了新时代中国特色社会主义发展的根本问题。思想认同对我们党领导全国各族人民万众一心建设中国特色社会主义极端重要。团结统一是党的生命，是党的力量所在。思想上的统一，是党的团结统一最深厚最持久最可靠的保证。习近平总书记指出："我们这么大一个党，领导着这么大一个国家，肩负着带领全国各族人民实现国家强盛、民族复兴这个艰巨任务，全党必须统一思想、统一意志、统一行动。怎么实现全党思想、意志、行动的统一？最根本的就是用党的基本理论武装全党。"

这就要求青年大学生要全面理解和掌握习近平新时代中国特色社会主义思想的世界观和方法论，牢牢把握"六个必须坚持"，把贯穿其中的立场观点方法学懂、弄通、悟透，坚持好、运用好习近平新时代中国特色社会主义思想的立场观点方法。通过理论学习锤炼品格、强化忠诚，把拥护"两个确立"体现在理想信念、政治生活、立场定力、担当作为上，切实把思想和行动统一到以习近平同志为核心的党中央周围，以实际行动为实现第二个百年奋斗目标作出应有贡献。

## （三）理论认同

"没有革命的理论，就没有革命的行动。"中国共产党的百年历史就是一部马克思主义与中国具体实际和中华优秀传统文化相结合的历史，就是不断推进马克思主义中国化时代化的历史，就是一部伟大的理论创新史。因为，"一个政党要具有生命力，要持续不断地获得人民的支持，就必须积极适应时代的变化，并根据时代的变化调整自己的政治主张和施政纲领"。

增进理论认同，就是要用习近平新时代中国特色社会主义思想武装我们的头脑，使我们保持政治站位，看得更远更深，在纷繁复杂的形势变化中始终坚持正确的政治航向；就是要以科学的态度对待马克思主义，坚持和发展马克思主义，在实践创新的基础上不断进行理论创新，进而深化理论学习、强化理论思维、推进理论阐释、扩大理论宣传、注重理论转化；就是要不断增强马克思主义理论的解释力、说服力、战斗力，适应不同群体和受众的特点，有针对性地加强理论宣传普及，加强阐释解读和深化转化，让党的创新理论"飞入寻常百姓家"。青年大学生深入学习领悟习近平新时代中国特色社会主义思想的世界观和方法论，学深悟透习近平新时代中国特色社会主义思想的精髓要义，就要深刻把握这一思想的道理学理哲理，做到知其言更知其义、知其然更知其所以然，自觉内化于心、外化于行，充分彰显党的创新理论的真理力量。

实践证明，党的理论创新每前进一步，理论武装就要跟进一步。青年大学生要加强对党的创新理论的系统学习，坚持做到"读原著、学原文、悟原理"，深刻理解习近平新时代中国特色社会主义思想的理论观点、理论逻辑、理论精髓和理论品质，不断增强青年对习近平新时代中国特色社会主义思想的理论认同，努力做到以学铸魂、以学增智、以学正风、以学促干。

## （四）情感认同

情感认同事关价值导向，是力量的源泉。情感认同是创新思想入脑入心的前提，更是催化剂。增进情感认同是建立在对新时代十年伟大变革取得历史性成就的认识基础上。党的十八大以来党和国家事业取得的历史性成就是全方位的、开创性的，发生的历史性变革是深层次的、根本性的，为实现中华民族伟大复兴提供了更为完善的制度保证、更为坚实的物质基础、更为主动的精神力量，中华民族迎来了从站起来、富起来到强起来的伟大飞跃，实现中华民族伟大复兴进入了不可逆转的历史进程！

对创新理论的情感认同，首先要学懂弄通创新理论，感受创新理论的博大精深，感受创新理论对中国特色社会主义的指引正确且有力。学懂弄通做实习近平新时代中国特色社会主义思想，真懂是前提，真信是基础，真用是根本，懂、信、用有机结合才能保证政治自觉、思想自觉和行动自觉。因此，一方面，要坚持掌握马克思主义立场观点方法，深刻把握习近平新时代中国特色社会主义思想的核心要义、精神实质，从科学理论体系所包含的丰富内容和思想精髓中，感悟其蕴含着的真理力量，做到既知其然又知其所以然。另一方面，要端正学习态度，力戒形式主义，坚持联系实际学、围绕重点学、针对问题学，通过学习促进实际问题的解决，真正把懂与信的基点放在用当中，以懂和信指导和促进用，以用衡量懂和信，由此增强学习的自觉性。

**拓展阅读**

### 习近平在二十届中央政治局第四次集体学习时的讲话

今天，我们以学习贯彻新时代中国特色社会主义思想为题举行集体学习，目的是发挥示范作用，推动全党在主题教育中深入学习贯彻新时代中国特色社会主义思想，打牢思想理论基础。

这里，我围绕开展主题教育强调几点。

第一，学习贯彻新时代中国特色社会主义思想是新时代新征程开创事业发展新局面的根本要求。对于我们这样一个世界上最大的马克思主义执政党来说，理论强，才能方向明、人心齐、底气足。拥有马克思主义科学理论指导是我们党坚定信仰信念、把握历史主动的根本所在。坚持用马克思主义中国化时代化最新成果武装全党、指导实践、推动工作，是我们党创造历史、成就辉煌的一条重要经验。新时代新征程，面对错综复杂的国际国内形势、艰巨繁重的改革发展稳定任务、各种不确定难预料的风险挑战，要实现党的二十大确定的战略目标，迫切需要广大党员、干部特别是各级领导干部进一步深入学习贯彻新时代中国特色社会主义思想，这是党中央确定在全党开展这次主题教育的主要考量。

党的理论创新每前进一步，理论武装就要跟进一步。新时代中国特色社会主义思想历经了10年的发展历程，伴随着这一历程，我们也推动全党学习了10年，取得了明显成效。但是，理论武装的任务仍然艰巨。一方面，在真学真信真用、学懂弄通做实方面，还存在一些需要引起重视的问题。另一方面，党的创新理论在不断发展，党的二十大提出了一系列重大思想、重大观点，党的二十大以来在阐述党的二十大精神过程中又提出了一些新观点，特别是提出并系统阐述了中国式现代化这个重大理论和实践问题，进一步丰富了新时代中国特色社会主义思想。这方面的学习贯彻才刚刚开始。这次主题教育确定以学习贯彻新时代中国特色社会主义思想为主题，就是要推动全党特别是领导干部把学习贯彻新时代中国特色社会主义思想不断引向深入。

第二，着力把握新时代中国特色社会主义思想的科学体系和精髓要义。党的理论创新过程是一个总结经验、探求未知、发现真理的过程，就是一个把握事物之间内在联系、揭示客观规律、预见事物发展必然趋势的过程，由此形成的理论成果自然是一个科学系统、逻辑严密、有机统一的整体。新时代中国特色社会主义思想就是紧紧围绕回答新时代坚持和发展什么样的中国特色社会主义、怎样坚持和发展中国特色社会主义，建设什么样的社会主义现代化强国、怎样建设社会主义现代化强国，建设什么样的长期执政的马克思主义政党、怎样建设长期执政的马克思主义政党等重大时代课题，不断深化对人类社会发展规律、社会主义建设规律、共产党执政规律认识的理论成果。其内容涵盖改革发展稳定、内政外交国防、治党治国治军等方方面面，构成一个完整的科学体系。党的二十大报告明确指出，"十个明确""十四个坚持""十三个方面成就"概括了这一思想的主要内容。我们既要全面系统地学习掌握这些主要内容，又要整体把握这一思想的科学体系，做到融会贯通。对各领域提出的新理念、新思想、新战略，对各方面工作提出的具体要求，都要放在整个科学体系中来认识和把握，避免碎片化、片面性，不能只见树木、不见森林。

同时，学深悟透新时代中国特色社会主义思想，还必须把握这一思想的世界观、方法论和贯穿其中的立场观点方法。党的二十大报告提出了继续推进理论创新的科学方法，即必须坚持人民至上、必须坚持自信自立、必须坚持守正创新、必须坚持问题导向、必须坚持系统观念、必须坚持胸怀天下。这"六个必须坚持"，也是新时代中国特色社会主义思想的立场观点方法的重要体现。只有准确把握包括"六个必须坚持"在内的新时代中国特色社会主义思想的立场观点方法，才能更好领会这一思想的精髓要义，才能把思想方法搞对头，认识问题才站得高，分析问题才看得深，开展工作也才能把得准，确保张弛有度、收放自如。在实际工作中，一些领导干部判断形势不准确，应对风险不主动，处理复杂矛盾问题顾此失彼、进退失据，往往都同没有把握好党的创新理论的精髓要义密切相关。

第三，发扬理论联系实际的优良作风。理论在一个国家实现的程度取决于理论满足现实需要的程度，理论作用发挥的效度取决于理论见诸实践的深度。实践性是马克思主义的显著特征，学习新时代中国特色社会主义思想的目的全在于运用，在于把这一思想变成改造主观世界和客观世界的强大思想武器。只有把自己的思想摆进去、把工作摆进去、把职责摆进去，才能真切感悟到科学理论的真理力量和实践伟力。

党的二十大报告提出用新时代中国特色社会主义思想凝心铸魂，就是要推动全党以党的创新理论为武器改造主观世界。在这次主题教育中，党员、干部特别是各级领导干部要主动把自己的思想摆进去，学习掌握党的创新理论关于坚定理想信念、提升思想境界、加强党性锻炼的一系列要求，包括不忘初心、牢记使命，胸怀"国之大者"，提高政治判断力、政治领悟力、政治执行力，"三严三实"，忠诚干净担当，为民务实清廉等等，始终保持共产党人的政治本色。特别是要把这一思想的世界观、方法论和贯穿其中的立场观点方法转化为自己的思想武器，内化于心、外化于行。

要把党的创新理论运用到贯彻落实党的二十大提出的重大战略部署中去。要善于运用新时代中国特色社会主义思想观察时代、把握时代、引领时代，更好统筹中华民族伟大复兴战略全局和世界百年未有之大变局，深刻洞察时与势、危与机，积极识变应变求变。要善于运用这一思想推进中国式现代化取得新进展、新突破，强化政治领导，丰富战略支撑，拓展实践路径，破解发展难题，激发动力活力，使中国式现代化的中国特色更加鲜明、优势更加彰显、前景更加光明。要善于运用这一思想解决经济社会发展中的各种矛盾和问题，完整、准确、全面贯彻新发展理念，加快构建新发展格局，推动高质量发展，促进共同富裕。要善于运用这一思想防范化解重大风险，增强忧患意识，坚持底线思维、居安思危、未雨绸缪，时刻保持箭在弦上的备战姿态，下好先手棋，打好主动仗，对各种风险见之于未萌、化之于未发，坚决防范各种风险失控蔓延，坚决防范系统性风险。要善于运用这一思想深入推进全面从严治党，时刻保持解决大党独有难题的清醒和坚定，既注重解决好出现的新问题，又注重解决好存在的深层次问题，确保党永远不变质、不变色、不变味。

第四，中央政治局的同志要在主题教育中当表率。党的十八大以来，我反复强调领导干部在各个方面都要坚持以身作则、以上率下。实践证明，这是一种有效的领导方法和工作方法。这次主题教育，中央政治局的同志要带头学习领会和贯彻落实党中央关于深入开展主题教育文件的精神，以更高标准、更严要求、更实措施，为全党作示范、立标杆、带好头。要带头抓好理论学习，引导和推动全党把学习贯彻新时代中国特色社会主义思想引向深入。要带头抓好调查研究，深入实际、深入群众，增强问题意识，真正把情况摸清、把问题找准、把对策提实，提出解决问题的新思路新办法，引导和推动全党大兴调查研究之风。要带头抓好问题检视和整改，紧密结合新形势新任务新职责，把学、查、改有机贯通起来，全面查找自身不足和工作偏差，正确对待和自觉接受党内外监督，认真开展批评和自我批评，着力从思想根源和制度机制上解决问题，带动全党深查实改，以整改的实际成效取信于民。要带头抓好所在地区、分管领域的主题教育，压实领导责任，全程掌握进展情况，着力发现和解决各种苗头性、倾向性问题，正确处理日常工作与主题教育的关系，把工作抓实、抓深，确保方向不偏、力度不减，推动主题教育扎实开展，努力取得实实在在的成效。

（资料来源：《求是》2023年第10期）

**阅读推荐**

1.《习近平著作选读》第一卷、第二卷，人民出版社2023年版。

2.中共中央党校（国家行政学院）：《习近平新时代中国特色社会主义思想基本问题》，人民出版社、中共中央党校出版社2020年版。

3.中共中央宣传部：《习近平新时代中国特色社会主义思想学习纲要：2023年版》，学习出版社：人民出版社2023年版。

4.甄占民：《新时代党的创新理论九讲》，中国方正出版社2021年版。

 **思考题**

1.党的创新理论的精髓要义是什么？如何理解"十个明确""十四个坚持""十三个方面成就"及"六个必须坚持"的关系？

2.作为新时代创新理论，习近平新时代中国特色社会主义思想对马克思主义的原创性丰富和发展有哪些？

3为什么说"两个结合"揭示了马克思主义在二十一世纪中国生机勃发的核心密码？

4.什么是对创新理论的"四个认同"？"四个认同"的前提是什么？

专题二

坚定不移全面从严治党，深入推进新时代党的建设新的伟大工程

党的二十大着眼坚定不移全面从严治党、深入推进新时代党的建设新的伟大工程作出战略部署，我们要深刻学习领会、坚决贯彻落实，把思想和行动统一到党的二十大精神上来，按照新时代党的建设总要求，健全全面从严治党体系，全面推进党的自我净化、自我完善、自我革新、自我提高，使我们党坚守初心使命，始终成为中国特色社会主义事业的坚强领导核心。

把党的建设作为一项伟大工程来推进，并且始终坚持党要管党、从严治党的原则和方针，是我们党的一大创举，也是立党立国、兴党强国的一大法宝。党的十八大以来，我们把全面从严治党作为新时代党的建设的鲜明主题，提出一系列创新理念，实施一系列变革实践，健全一系列制度规范，推动党的建设这项伟大工程不断深化发展，初步构建起全面从严治党体系。

## 一、全面从严治党重在健全体系

党的二十大报告提出"健全全面从严治党体系"这一崭新课题，将其作为新时代党的建设具有全局性、开创性的工作部署，使全面从严治党各项工作更好体现时代性、把握规律性、富于创造性，确保党始终成为中国特色社会主义事业的坚强领导核心。

### （一）健全全面从严治党体系的必要性和重要性

马克思主义政党建设的基本规律，指引成熟的政党健全全面从严治党体系。规律是事物发展过程中的本质联系和必然趋势，具有普遍性、客观性和必然性。马克思主义政党建设的基本规律之一就是坚持思想建党和制度治党相结合，坚持以制度治党、依规治党，建设组织严密、纪律严明、坚强有力的马克思主义政党。制度具有根本性、全局性、稳定性和长期性，能否成功构建起党的建设制度体系，既是衡量政党建设现代化程度的重要标准，也是考察政党是否成熟的显著标志。党的十九届四中全会明确提出"完善全面从严治党制度"，贯彻新时代党的建设总要求，深化党的建设制度改革，坚持依规治党，建立健全以党的政治建设为统领，全面推进党的各方面建设的体制机制。党的二十大和二十届中央纪委二次全会，坚持以习近平新时代中国特色社会主义思想为指导，不断丰富中国化马克思主义党建理论体系，以健全全面从严治党体系为抓手，探索新时代新征程上制度治党、依规治党的有效途径。

全面从严治党取得的成就经验为健全全面从严治党体系奠定基础。新时代十年来，我们党坚持问题导向，以自我革命精神深入推进全面从严治党，取得了历史性成就。经过十年来不懈努力，管党治党宽松软状况得到根本扭转，风清气正的党内政治生态不断形成和发展。在十九届中央纪委二次全会上的讲话中，习近平总书记总结了党的十八大以来全面从严治党的六条重要经验：坚持思想建党和制度治党相统一；坚持使命引领和问题导向相统一；坚持抓"关键少数"和管"绝大多数"相统一；坚持行使权力和担当责任相统一；坚持严格管理和关心信任相统一；坚持党内监督和群众监督相统一。新时代十年，我们党不断深化对自我革命规律的认识，推进全面从严治党体系从无到有、连点成线、织线成面、叠面成体，管党治党体系化程度不断深化，为推动形成一个更健全更成熟的全面从严治党体系奠定坚实基础。

解决大党独有难题的实践，要求以健全全面从严治党体系为根本途径。党的二十大报告提出的"大党独有难题"是当前党的建设重大课题。中国共产党既是拥有百余年党龄的老党，又是拥有庞大规模党员队伍的大党，同时也是在世界上最大的发展中国家长期执政的马克思主义政党。习近平总书记指出："我们党是世界上最大的政党，大就要有大的样子，同时大也有大的难处。把这么大的一个党管好很不容易，把这么大的一个党建设成为坚强的马克思主义执政党更不容易。"全面从严治党永远在路上，要时刻保持解决大党独有难题的清醒和坚定，以自我革命破解大党独有难题。习近平总书记在二十届中央纪委二次全会上指出，大党独有难题集中体现为"六个如何"，即如何始终不忘初心、牢记使命；如何始终统一思想、统一意志、统一行动；如何始终具备强大的执政能力和领导水平；如何始终保持干事创业精神状态；如何始终能够及时发现和解决自身存在的问题；如何始终保持风清气正的政治生态。破解大党面临的六个方面独有难题的根本途径，就是坚持制度治党、依规治党，以自我革命精神健全全面从严治党体系。

## （二）全面从严治党体系的内涵及定位

体系，就是一定范围内或同类事物按照一定的秩序和内部联系组合而成的整体。全面从严治党体系是指全面从严治党主体及其构成要素之间互动关系的一套系统。全面从严治党体系既包括全面从严治党主体及其构成要素之间的"结构—功能"配置的静态系统，也包括全面从严治党主体及其构成要素之间形成"输入—输出—反馈"的动态系统。正如习近平总书记指出的，全面从严治党体系应是一个内涵丰富、功能完备、科学规范、运行高效的动态系统。

全面从严治党体系作为一个总系统，主要由核心体系、要素体系、结构体系、标准体系、责任体系等子系统相互作用而组合形成。全面从严治党的核心是加强党的领导。因此，全面从严治党核心体系主要围绕加强党的全面领导体系展开。通过坚持和加强党中央集中统一领导，坚持党对一切工作的领导，构建全面的、系统的、整体的集中统一领导体系，充分发挥党总揽全局、协调各方的领导作用。

全面从严治党要素体系主要由各级党组织、全体党员和领导干部构成。全面从严治党的基础在全面。全面从严治党体系既覆盖了党的中央、地方和基层组织，也覆盖了全体党员，做到管全党、治全党，同时把管党治党的重点聚焦于领导干部这一"关键少数"，不允许有任何游离于全面从严治党体系之外的特殊组织和个人。

图为 2023 年 5 月 24 日，福建省莆田市城厢区纪委监委在东海镇大埔村开展"我听群众说诉求"一线接访活动

全面从严治党结构体系主要指新时代全面从严治党总体布局。党的十九大提出了新时代党的建设总要求，明确全面推进党的政治建设、思想建设、组织建设、作风建设、纪律建设，把制度建设贯穿其中，深入推进反腐败斗争。党的二十大报告对坚持和加强党中央集中统一领导、坚持不懈用习近平新时代中国特色社会主义思想凝心铸魂、完善党的自我革命制度规范体系、建设堪当民族复兴重任的高素质干部队伍、增强党组织政治功能和组织功能、坚持以严的基调强化正风肃纪、坚决打赢反腐败斗争攻坚战持久战等作出重大部署，既涵盖了党的十九大确定的党的建设总体布局七大板块，同时又对七大板块进行优化组合、序位调整，使之更符合新时代新征程全面从严治党新要求。

全面从严治党标准体系主要指严的标准，坚持以严的标准提升全面从严治党的质量效果。全面从严治党的关键在严。确定和执行严的标准是全面从严治党的关键所在。管党治党，必须严字当头，把严的要求贯彻全过程、各方面，做到真管真严、敢管敢严、长管长严。习近平总书记对此提出明确要求：推进全面从严治党，一是抓思想从严，二是抓管党从严，三是抓执纪从严，四是抓治吏从严，五是抓作风从严，六是抓反腐从严。

全面从严治党责任体系主要强调落实管党治党主体责任，通过压实责任督促各级党组织和全体党员，不断提高履职尽责本领，以全面从严治党新成效推进国家治理体系和治理能力现代化。全面从严治党的要害在治，治的核心在于全面从严治党责任落实，以强有力的责任机制提高全面从严治党制度执行力。2020 年印发的《党委（党组）落实全面从严治党主体责任规定》，为贯彻落实全面从严治党责任体系提供了重要遵循。

## （三）以自我革命精神健全全面从严治党体系

坚持系统思维、统筹规划，加强全面从严治党体系顶层设计。健全全面从严治党体系，关涉管党治党各要素各方面各环节。必须坚持系统思维、统筹规划，把握处理好全局与局部、当前与长远、集体与个体、宏观与微观、一般与特殊之间的关系，坚持从整体性、全局性、长远性、高标准等方面加强顶层设计，避免单兵推进、零敲碎打、碎片化推进的思路和模式，统筹规划考虑各层次各要素各系统之间的逻辑关系，提高站位、统揽全局、一体推进，构建兼具系统性、整体性、协同性、高效性特征的全面从严治党体系。

坚持制度治党、依规治党，推进依规治党和依法治国相结合。健全全面从严治党体系的本质是在新时代新征程上推进管党治党的制度化规范化程序化，即旨在提高全面从严治党体系科学化水平。党的十八大以来，我们党把制度建设摆在突出位置，强调把制度建设贯穿管党治党的全过程各方面各环节。依规治党既是制度治党的核心，也是全面从严治党的长远之策、根本之策。党中央把党内法规体系作为中国特色社会主义法治体系的重要组成部分，注重党内法规同国家法律的衔接和协调，把党规国法的制度优势转化为治理效能。以制度治党、依规治党为重点健全全面从严治党体系，要更加突出体制机制的健全完善和法规制度的科学有效，更加突出运用治理的理念、系统的观念、辩证的思维管党治党建设党。

坚持系统集成、协同推进，形成全面从严治党体系整体合力。系统集成是把全面从严治党体系的各个子系统集中合成一个总系统，通过有机协调、整体优化从而发挥整体效益。协同推进是把全面从严治党体系的内容、对象、责任、制度等各方面衔接贯通，形成相互配合、相互促进、相得益彰的优势互补体制机制。为此，应坚持内容上全覆盖，把全面从严治党贯穿党的政治建设、思想建设、组织建设、作风建设、纪律建设、制度建设、反腐败斗争的各方面；坚持对象上全覆盖，面向各级党组织和全体党员，做到管全党、治全党，重点抓住"关键少数"；坚持责任上全链条，依据党内法规压实各级党委（党组）全面从严治党主体责任，党委书记把抓好党建作为第一责任、第一政绩，各级纪委要担负起监督责任，敢于瞪眼黑脸，勇于执纪问责；坚持制度上全贯通，用制度促进全面从严治党体系贯通联动，真正把制度治党、依规治党落到实处、取得实效。

## 二、发扬彻底的自我革命精神，深入推进全面从严治党

### （一）新时代十年以自我革命推进全面从严治党取得重大成就

勇于自我革命，从严管党治党，是我们党最鲜明的品格。中国共产党是马克思主义政党，以马克思主义为指导，是代表最广大人民根本利益的无产阶级政党，能够彻底地从人民立场出发检视自己，始终"为人民的利益坚持好的，为人民的利益改正错的"，因而具有区别于其他政党的彻底的、大无畏的自我革命精神。百余年来，我们党能够从最初的 50 多名党员发展到今天的 9800 多万

名党员，战胜一个又一个困难，取得一个又一个胜利，关键在于始终坚持党要管党、全面从严治党不放松，在推动社会革命的同时进行彻底的自我革命。尤其是党的十八大以来，以习近平同志为核心的党中央把全面从严治党纳入"四个全面"战略布局，以永远在路上的清醒和坚定，以前所未有的勇气和定力推进全面从严治党、正风肃纪反腐，打出了一套自我革命的"组合拳"，不断清除一切损害党的先进性和纯洁性的因素，不断清除一切侵蚀党的健康肌体的病毒，全面从严治党取得了历史性、开创性成就，产生了全方位、深层次影响，党的自我净化、自我完善、自我革新、自我提高能力显著增强，党在革命性锻造中更加坚强有力、更加充满活力，在政治建设、反腐倡廉、正风肃纪及党的自我革命制度规范体系建设等方面成效显著。

新时代十年，党的政治建设统领地位不断巩固，党员干部政治判断力、政治领悟力、政治执行力显著提升。党中央始终坚持严的主基调不动摇，坚定不移推进党风廉政建设和反腐败斗争，持之以恒正风肃纪，一体推进不敢腐、不能腐、不想腐，刹住了一些多年未刹住的歪风邪气，解决了许多长期没有解决的顽瘴痼疾，清除

相关链接

《领航》：自我革命

了党、国家、军队内部存在的严重隐患，反腐败斗争取得压倒性胜利并全面巩固，管党治党宽松软状况得到根本扭转。党的自我革命制度规范体系不断完善，以党章为根本依据、党的组织法规、党的领导法规、党的自身建设法规、党的监督保障法规为基本框架的党内法规制度体系更加成熟和定型，依法治国与制度治党、依规治党统筹推进、一体建设。在伟大自我革命的有力引领和坚强保障下，以习近平同志为核心的党中央团结带领全国各族人民，采取一系列战略性举措，推进一系列变革性实践，实现一系列突破性进展，取得一系列标志性成果，经受住了来自政治、经济、意识形态、自然界等方面的风险挑战考验，党和国家事业取得历史性成就、发生历史性变革，推动我国迈上全面建设社会主义现代化国家新征程。

### （二）新征程深入推进全面从严治党必须发扬彻底的自我革命精神

新时代新起点新征程，面对新问题新挑战新要求，需要我们秉持须臾不松懈的态度，发扬彻底的自我革命精神，以坚定决心、顽强意志、空前力度深入推进全面从严治党。

新征程解决大党独有难题需要发扬彻底的自我革命精神。习近平总书记指出："我们党作为世界上最大的政党，大就要有大的样子，大也有大的难处。"如何始终不忘初心、牢记使命，如何始终统一思想、统一意志、统一行动，如

何始终具备强大的执政能力和领导水平，如何始终保持干事创业精神状态，如何始终能够及时发现和解决自身存在的问题，如何始终保持风清气正的政治生态，都是我们这个大党必须解决的独有难题。解决这些难题，是实现新时代新征程党的使命任务必须迈过的一道坎，是全面从严治党适应新形势新要求必须啃下的硬骨头。习近平总书记指出："只有严管严治，才能保持大党应有的风范，解决大党独有的难题。"我们党作为长期执政的马克思主义政党和世界上第一大政党，管党治党任务繁重，只有整体地而不是局部地、系统地而不是零碎地、持久地而不是短暂地、高标准地而不是一般化地全面从严治党，才能使我们党永葆先进性和纯洁性。这就要求我们必须发扬彻底的自我革命精神，将党的自我革命进行到底，深入推进全面从严治党。

新征程践行"三个务必"需要发扬彻底的自我革命精神。在全党全国各族人民迈上全面建设社会主义现代化国家新征程、向第二个百年奋斗目标进军的关键时刻，习近平总书记向全党同志发出"三个务必"的谆谆告诫，要求"全党同志务必不忘初心、牢记使命，务必谦虚谨慎、艰苦奋斗，务必敢于斗争、善于斗争"。行进在新的赶考路上，一方面，世界百年未有之大变局与中华民族伟大复兴战略全局相互激荡，党面临复杂的国际环境和形势，来自外部的打压遏制随时可能升级，随时要准备经受风高浪急甚至惊涛骇浪的重大考验；另一方面，各种弱化党的先进性、损害党的纯洁性的因素无时不有，各种违背初心和使命、动摇党的根基的危险无处不在，"四大考验""四种危险"依然复杂严峻。这就要求我们党必须始终保持自我革命的清醒和自觉，发扬彻底的自我革命精神践行"三个务必"，不断增强应对风险挑战的历史自信和历史主动。

新征程建设长期执政的马克思主义政党需要发扬彻底的自我革命精神。习近平总书记指出："越是长期执政，越不能丢掉马克思主义政党的本色，越不能忘记党的初心使命，越不能丧失自我革命精神。"中国共产党长期执政的事实是历史和人民所造就的，是中国共产党以伟大自我革命引领伟大社会革命的必然结果。如何跳出"其兴也勃焉，其亡也忽焉"的治乱兴衰历史周期率，确保党长期执政，经过一百余年的不懈奋斗特别是党的十八大以来新的实践，我们党又给出了第二个答案，这就是自我革命。新征程上，我们党面临的一个总体性的挑战和时代性课题，就是既要长期执掌政权，又要高效推进国家现代化建设。为此，必须发扬彻底的自我革命精神，敢于刀刃向内，勇于刮骨疗毒，臻于自我完善，锻造先进纯洁、长期执政的马克思主义执政党。

## （三）把党的伟大自我革命进行到底

我们党依靠自我革命赢得了历史主动，必将依靠自我革命继往开来。新征程上，必须以习近平新时代中国特色社会主义思想作为根本遵循，全面贯彻落实二十届中央纪委二次全会部署要求，发扬彻底的自我革命精神，深入推进全面从严治党。

发扬彻底的自我革命精神深入推进全面从严治党，关键在严、要害在治。"治国必先治党，治党务必从严"。全面从严治党，关键在严。坚持在严上持续用力，把严的基调、严的措施、严的氛围长期坚持下去。坚持思想从严、监督从严、执纪从严、治吏从严、作风从严、反腐从严，将严的要求贯穿管党治党全过程与各方面。全面从严治党，要害在治。坚持在治上多谋实招，确保全面从严治党任务与部署落实落地，切实按照习近平总书记关于全面从严治党"六个统一"宝贵经验的要求，深入回答"六个如何"的大党独有难题，不断探索行之有效的硬招妙招。新时代党内法规制定力度之大、出台数量之多、制度权威之高、治理效能之好都前所未有。新征程上，需要进一步健全全面从严治党体系，进一步完善党的自我革命制度规范体系，以严明的纪律维护制度，强化制度执行监督，将全面从严治党的制度效能充分发挥出来。

发扬彻底的自我革命精神深入推进全面从严治党，需要更加突出运用治理的理念、系统的观念、辩证的思维管党治党建设党。运用治理的理念推进全面从严治党，落实全面从严治党主体责任；强调管全党、治全党，坚持抓"关键少数"和管"绝大多数"相统一；实现思想建党与制度治党有机结合，达到标本兼治；致力于执政能力的提升，提高为人民服务的水平。运用系统的观念推进全面从严治党，坚持内容上全涵盖、对象上全覆盖、责任上全链条、制度上全贯通；强化全面系统布局，实现协同高效推进，使党的政治建设、思想建设、组织建设、作风建设、纪律建设、制度建设和反腐败斗争等方面有机衔接、联动集成、协同协调；将管党治党贯穿谋划、部署、实施、督促、考核、问责等全过程和全时段。秉持辩证的思维推进全面从严治党，坚持严管和厚爱结合、激励和约束并重，处理好全面从严治党过程中的重要关系，比如把握好思想建党与制度治党的关系、党内监督和群众监督的关系、严管严治与干事创业的关系等，厘清全面从严治党一系列重大理论与实践问题，发扬彻底的自我革命精神，推进新时代全面从严治党向纵深发展。

## 见"习"日记

治国必先治党，党兴才能国强。推进强国建设，必须坚持中国共产党领导和党中央集中统一领导，切实加强党的建设。要时刻保持解决大党独有难题的清醒和坚定，勇于自我革命，一刻不停全面从严治党，坚定不移反对腐败，始终保持党的团结统一，确保党永远不变质、不变色、不变味，为强国建设、民族复兴提供坚强保证。

——2023 年 3 月 13 日，习近平总书记在十四届全国人大一次会议<br>闭幕会上的讲话

## 三、深入推进新时代党的建设新的伟大工程的重点任务

党的二十大报告对坚定不移全面从严治党、深入推进新时代党的建设新的伟大工程作出全面部署、提出明确要求。我们要弘扬伟大建党精神，结合伟大斗争、伟大事业、伟大梦想的实践，抓住关键重点，形成整体态势，认真贯彻落实。

### （一）坚持和加强党中央集中统一领导

习近平总书记指出："坚持和加强党的全面领导，关系党和国家前途命运，我们的全部事业都建立在这个基础之上，都根植于这个最本质特征和最大优势。""两个确立"是新时代我们党取得的重大政治成果，是我们党在新征程上战胜各种艰难险阻的最大底气，是我们党自信自立自强的力量之源。坚持党的全面领导，最根本的是坚持"两个确立"、做到"两个维护"，坚决维护习近平同志党中央的核心、全党的核心地位，坚决维护党中央权威和集中统一领导。要健全总揽全局、协调各方的党的领导制度体系，完善党中央重大决策部署落实机制，确保全党在政治立场、政治方向、政治原则、政治道路上同党中央保持高度一致，确保党的团结统一。要加强党的政治建设，严明政治纪律和政治规矩，严格党内政治生活，提高各级党组织和党员干部政治判断力、政治领悟力、政治执行力，引导党员、干部做政治上的明白人，自觉做到党中央提倡的坚决响应、党中央决定的坚决执行、党中央禁止的坚决不做，执行党中央决策部署不讲条件、不打折扣、不搞变通，把坚持"两个确立"、做到"两个维护"转化为听党指挥、为党尽责的实际行动，转化为推进伟大事业、实现伟大梦想的磅礴力量。

### （二）坚持不懈用习近平新时代中国特色社会主义思想凝心铸魂

习近平新时代中国特色社会主义思想是马克思主义中国化时代化的最新成果，为推进社会革命和自我革命提供了强大思想武器。要坚持用习近平新时代中国特色社会主义思想统一思想、统一意志、统一行动，把学习贯彻党的创新

理论作为各级党委（党组）的首要政治任务，作为广大党员、干部理论武装的中心内容，及时跟进学、深入系统学、联系实际学，完整把握、准确理解习近平新时代中国特色社会主义思想的世界观和方法论，坚持好、运用好贯穿其中的立场观点方法，真正做到虔诚而执着、至信而深厚。组织实施党的创新理论学习教育计划，持续做好进教材、进课堂、进头脑工作，建设马克思主义学习型政党。坚持理论武装同常态化长效化开展党史学习教育相结合，大力弘扬理论联系实际的马克思主义学风，引导党员、干部学思用贯通、知信行统一，把习近平新时代中国特色社会主义思想转化为坚定理想、锤炼党性和指导实践、推动工作的强大力量。

### （三）完善党的自我革命制度规范体系

全面从严治党既是政治保障，也是政治引领。要坚持制度治党、依规治党，以党章为根本，以民主集中制为核心，完善党内法规制度体系，增强党内法规权威性和执行力，形成坚持真理、修正错误，发现问题、纠正偏差的机制。要健全党统一领导、全面覆盖、权威高效的监督体系，强化对权力运行的制约和监督，让权力在阳光下运行，依靠强化党的自我监督和人民监督推进党的自我革命。

### （四）建设堪当民族复兴重任的高素质干部队伍

全面建设社会主义现代化国家，必须有一支政治过硬、适应新时代要求、具备领导现代化建设能力的干部队伍。要坚持党管干部原则，坚持新时代好干部标准，坚持德才兼备、以德为先、五湖四海、任人唯贤，把各级领导班子和干部队伍建设好、建设强。党对干部的要求，首先是政治上的要求。要坚持把

相关链接
锤炼品格强化忠诚

政治标准放在首位，做深做实干部政治素质考察，严把政治关、廉洁关，绝不能让政治上有问题、廉洁上有硬伤的人选上来。加强实践锻炼、专业训练，注重在重大斗争中磨

砺干部，加强干部斗争精神和斗争本领养成，着力增强防风险、迎挑战、抗打压能力。围绕完整、准确、全面贯彻新发展理念完善干部考核评价体系，引导干部树立和践行正确政绩观。健全干部担当作为激励保护机制，推动干部能上能下、能进能出，形成能者上、优者奖、庸者下、劣者汰的良好局面。抓好后继有人这个根本大计，健全培养选拔优秀年轻干部常态化工作机制，鼓励年轻干部到基层和艰苦地区锻炼成长。坚持严管和厚爱相结合，加强对干部全方位管理和经常性监督。要深入实施人才强国战略，加快建设世界重要人才中心和创新高地，加快建设国家战略人才力量，不断强化现代化建设人才支撑。

## （五）增强党组织政治功能和组织功能

党的全面领导、全部工作要靠党的坚强组织体系来实现。只有党的各级组织都健全、都过硬，形成上下贯通、执行有力的严密组织体系，党的领导才能"如身使臂、如臂使指"。各级党组织要适应形势任务新变化，强化政治功能和组织功能，认真履行党章赋予的各项职责，把党的路线方针政策和党中央决策部署贯彻落实好，把各领域广大群众组织凝聚好。要以"上下贯通、执行有力"为着力点，抓好中央和国家机关这个"最初一公里"、地方党委这个"中间段"、基层党组织这个"最后一公里"，坚决防止出现"拦路虎""中梗阻"和"断头路"。要坚持大抓基层的鲜明导向，抓党建促乡村振兴，加强城市社区党建工作，推进以党建引领基层治理，抓紧补齐基层党组织领导基层治理的各种短板，持续整顿软弱涣散基层党组织，把各领域基层党组织建设成为有效实现党的领导的坚强战斗堡垒。全面提高机关、企业、事业单位党建工作质量，理顺行业协会、学会、商会党建工作管理体制，加强新经济组织、新社会组织、新就业群体党的建设，推动基层党组织全面进步、全面过硬。注重从青年和产业工人、农民、知识分子中发展党员，加强和改进党员特别是流动党员教育管理。落实党内民主制度，保障党员权利，激励党员发挥先锋模范作用。各级党组织要提高政治领导力、思想引领力、群众组织力、社会号召力，把广大党员、干部和各方面人才有效组织起来，把广大人民群众广泛凝聚起来，为全面建设社会主义现代化国家而共同奋斗。

## （六）坚持以严的基调强化正风肃纪

党要永远赢得人民群众拥护、永远立于不败之地，必须走好新时代党的群众路线，以优良党风带动社风民风向上向善。要坚持治"四风"树新风并举，以更大力度弘扬谦虚谨慎、艰苦奋斗等光荣传统，涵养求真务实、清正廉洁的新风正气。锲而不舍落实中央八项规定精神，坚决铲除腐败滋生的作风温床，坚决纠治形式主义、官僚主义，坚决破除特权思想和特权行为，以好作风好形象创造新伟业。纪律严明是我们党坚强有力的重要保障。要全面加强纪律建设，督促领导干部特别是高级干部严于律己、严负其责、严管所辖。坚持党性党风党纪一起抓，从思想上固本培元，提高党性觉悟，增强拒腐防变能力，涵养富贵不能淫、贫贱不能移、威武不能屈的浩然正气。

## （七）坚决打赢反腐败斗争攻坚战持久战

腐败是我们党面临的最大危险，反腐败是最彻底的自我革命。只要存在腐败问题产生的土壤和条件，反腐败斗争就一刻不能停，必须永远吹冲锋号。坚持不敢腐、不能腐、不想腐一体推进，惩治震慑、制度约束、提高觉悟一体发力，从严查处政治问题和经济问题交织的腐败案件，坚决斩断权力与资本勾连纽带，坚决斩断"前腐后继"的代际传递，坚决防止领导干部成为利益集团和权势团体的代言人、代理人，确保党不变质、不变色、不变味。深化整治权力集中、资金密集、资源富集领域的腐败，严厉惩治群众身边的"蝇贪"，严肃查处领导干部配偶、子女及其配偶等亲属和身边工作人员利用影响力谋私贪腐问题。坚持受贿行贿一起查，一体构建追逃防逃追赃机制，绝不让腐败分子逍遥法外。要加强新时代廉洁文化建设，教育引导广大党员、干部明大德、守公德、严私德，清清白白做人、干干净净做事，永葆清正廉洁的政治本色。

## 四、坚定不移全面从严治党，深入推进新时代党的建设新的伟大工程

全面从严治党是新时代党的自我革命的伟大实践，也是新时代党治国理政的鲜明特征和党的建设的鲜明主题。党的二十大报告着眼实现新时代新征程党的使命任务，对坚定不移全面从严治党、深入推进新时代党的建设新的伟大工程作出全面部署，强调全面从严治党是党永葆生机活力、走好新的赶考之路的必由之路，为持续推进新时代党的建设新的伟大工程，以党的自我革命引领社会革命指明了前进方向。

### （一）把党的建设作为一项伟大工程来推进是我们党的一大创举

回顾百年党史，我们党在革命、建设、改革等各个历史时期，都始终把党的建设摆在突出位置，坚持党要管党、从严治党。百年奋斗历程，既是党团结带领全党全国各族人民为实现民族独立、人民解放和国家富强、人民富裕而不懈奋斗的历史，也是党加强和改进自身建设、保持和发展先进性纯洁性，不断经受住各种困难和风险考验、发展壮大的历史。

把党的建设作为伟大的工程。1939 年 10 月，毛泽东同志在《〈共产党人〉发刊词》中，创造性地把党的建设称为一项"伟大的工程"。在革命斗争中，党弘扬坚持真理、坚守理想，践行初心、担当使命，不怕牺牲、英勇斗争，对党忠诚、不负人民的伟大建党精神，实施和推进党的建设伟大工程。提出着重从思想上建党的原则，在延安整风中开展思想整顿，确立毛泽东思想为党的指导思想，使全党在思想上政治上组织上达到空前统一和团结。坚持民主集中制，形成党的集体领导制度；形成理论联系实际、密切联系群众、批评和自我批评

三大优良作风；对主观主义、宗派主义、党八股进行坚决斗争，整顿学风党风文风；提出全心全意为人民服务的根本宗旨；提出"两个务必"的作风要求。注重纪律建设，早在一大党纲就规定了纪律的内容，二大党章设立"纪律"专章；制定"三大纪律、八项注意"；党的六届六中全会专门强调"纪律是执行路线的保证"；严格执行纪律，严肃处理张国焘分裂主义等一批违反党的纪律问题。这一时期，我们党把党的建设作为战胜敌人的三大法宝之一，以毛泽东思想为指引，依靠铁的纪律和优良作风，推动全党在思想上政治上组织上不断巩固，

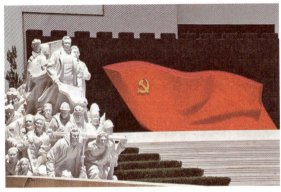

建党百年之际落成的中国共产党历史展览馆，是一座永久性、综合性的党史展览馆，第一次全方位、全过程、全景式、史诗般展现了中国共产党波澜壮阔的百年历史，浓墨重彩地反映了党的不懈奋斗史、不怕牺牲史、理论探索史、为民造福史、自身建设史，成为展示中国共产党奋斗历史的精神殿堂。图为位于中国共产党历史展览馆西侧广场上的雕塑

赢得人民群众的支持和拥护，取得新民主主义革命胜利的伟大成就。

推进党的建设新的伟大工程。1994年9月，党的十四届四中全会通过《中共中央关于加强党的建设几个重大问题的决定》，把新时期党的建设提到"新的伟大工程"的高度。改革开放和社会主义现代化建设新时期，我们党以加强党的执政能力建设和先进性建设为主线，提出"党要管党、从严治党"，以改革创新精神全面推进党的建设。以思想建设为着力点，重新确立实事求是的思想路线，完成思想上的拨乱反正；确立邓小平理论、"三个代表"重要思想、科学发展观为党的指导思想；组织开展多次党内集中性学习教育。强化党的组织，制定《关于党内政治生活的若干准则》，健全民主集中制；有计划有步骤进行整党；按照革命化、年轻化、知识化、专业化方针加强干部队伍建设。高度重视党的作风，强调"执政党的党风问题是有关党的生死存亡的问题"；先后就加强党同人民群众联系、加强和改进党的作风建设等重大问题作出决定；提出"八个坚持、八个反对"的作风建设要求。开展反腐倡廉建设，强调"在党的纪律面前一律平等"，查处一大批腐败案件；建立健全教育、制度、监督并重的惩治和预防腐败体系。完善党内法规，制定修订基础性法规，构建党的建设规范体系。这一时期，我们党围绕建立社会主义市场经济体制，推进改革开放和社会主义现代化建设目标，采取一系列举措加强和改进党的自身建设，党的领导水平、执政水平、拒腐防变能力明显提升，为中国特色社会主义事业顺利推进提

供了重要保障。

持续推进新时代党的建设新的伟大工程。2018年1月，习近平总书记在新进中央委员会的委员、候补委员和省部级主要领导干部学习贯彻习近平新时代中国特色社会主义思想和党的十九大精神研讨班上，提出了"新时代党的建设新的伟大工程"这一重要论断。进入新时代，以习近平同志为核心的党中央统筹把握中华民族伟大复兴战略全局和世界百年未有之大变局，统揽伟大斗争、伟大工程、伟大事业、伟大梦想，明确全面从严治党的战略方针，提出新时代党的建设总要求，全面推进党的政治建设、思想建设、组织建设、作风建设、纪律建设，把制度建设贯穿其中，深入推进反腐败斗争，不断提高党的建设质量。全面加强党的领导，强调党的领导是中国特色社会主义最本质的特征，是中国特色社会主义制度的最大优势；以党的政治建设统领党的建设各项工作，不断强化党中央权威和集中统一领导；确立习近平新时代中国特色社会主义思想的指导地位，坚持不懈用党的创新理论武装头脑、指导实践、推动工作；提出新时代组织路线，突出政治标准选贤任能；落实中央八项规定精神，以钉钉子精神纠治"四风"；突出强调纪律建设，将纪律挺起来、立起来、严起来；形成比较完善的党内法规体系，构建党和国家监督体系；以空前力度"打虎""拍蝇""猎狐"，清除一切腐败分子。随着新时代党的建设新的伟大工程不断深入，党的政治领导力、思想引领力、群众组织力、社会号召力显著增强，领导党和国家事业取得历史性成就、发生历史性变革，推动我国迈上全面建设社会主义现代化国家新征程。

### （二）全面从严治党是新时代党的建设的鲜明主题

我们党作为世界上最大的马克思主义执政党，要始终赢得人民拥护、巩固长期执政地位，必须时刻保持解决大党独有难题的清醒和坚定。党的十八大后，面对影响党长期执政、国家长治久安、人民幸福安康的突出矛盾和问题，党中央把全面从严治党纳入"四个全面"战略布局，以"得罪千百人、不负十四亿"的使命担当祛疴治乱，反腐败斗争取得压倒性胜利并全面巩固，消除了党、国家、军队内部存在的严重隐患，管党治党宽松软状况得到根本扭转，风清气正的党内政治生态不断形成并发展，确保党永远不变质、不变色、不变味。

相关链接
全面从严治党永远在路上

坚持以党的政治建设为统领。习近平总书记旗帜鲜明提出，我们党作为马克思主义政党，讲政治是突出的特点和优势。党的十八大以来，党中央把党的政治建设纳入新时代党的建设总体布局并摆在首位，坚持党中央集中统一领导是最高政治原则，健全党的领导制度体系。强调党的领导干部要提高政治判断力、政治领悟力、政治执行力，胸怀"国之大者"，对党忠诚、听党指挥、为党尽责。严明政治纪律和政治规矩，强化政治监督，查处违背党的路线方针政策、破坏党的集中统一领导问题。发展积极健康的党内政治文化，推动营造风清气正的良好政治生态。经过全面从严治党的革命性锻造，从根本上扭转了落实党的领导弱化、党的观念淡漠状况，全党"四个意识"不断增强，"四个自信"日益坚定，"两个维护"更加自觉，有力确保党中央政令畅通。

坚持以党的科学理论筑牢思想根基。习近平总书记强调，我们党之所以能够不断历经艰难困苦创造新的辉煌，很重要的一条就是我们党始终重视思想建党、理论强党。党的十八大以来，我们党坚持把马克思主义基本原理同中国具体实际相结合、同中华优秀传统文化相结合，创立了习近平新时代中国特色社会主义思想，坚持用党的创新理论武装全党。以坚定理想信念宗旨为根基，要求各级领导干部解决好世界观、人生观、价值观这个"总开关"问题。把思想建设作为党的基础性建设，教育引导广大党员干部保持政治本色。经过全面从严治党的革命性锻造，全党进一步筑牢信仰之基、补足精神之钙、把稳思想之舵，深刻领悟"两个确立"的决定性意义，自觉用党的创新理论滋养初心、引领使命，增强为党分忧、为国奉献、为民造福的政治担当。

坚持贯彻新时代党的组织路线。习近平总书记强调，党的领导体现在党的严密组织体系和强大组织能力上，越是情况复杂、基础薄弱的地方，越要健全党的组织。党的十八大以来，党中央提出和贯彻新时代党的组织路线，明确新时代好干部标准，突出政治素质要求、树立正确用人导向。以提升组织力为重点，强化政治功能，完善上下贯通、执行有力的组织体系。树立加强基层建设的鲜明导向，推动各级党组织全面进步、全面过硬。建立健全以民主集中制为核心的组织制度体系，制定和修订组织建设方面的党内法规。经过全面从严治党的革命性锻造，一些基层党组织虚化弱化边缘化问题得以坚决纠正，干事创业的精气神有力提振，广大基层党组织的战斗堡垒作用和共产党员的先锋模范作用充分彰显，党的政治优势和组织优势不断转化为制胜优势。

坚持锲而不舍落实中央八项规定精神。习近平总书记强调，党的光荣传统和优良作风是我们党性质和宗旨的集中体现，是我们党区别于其他政党的显著标志。党的十八大以来，党中央从制定和落实中央八项规定破题，坚持从中央政治局做起、从领导干部抓起，以上率下改进工作作风。各级党组织和纪检监察机关紧盯重要节点，狠刹享乐主义、奢靡之风，解决群众反映强烈的突出问题，坚决防反弹回潮、防隐形变异、防疲劳厌战。深化整治形式主义、官僚主义顽瘴痼疾，推进基层减负。坚持纠"四风"树新风并举，弘扬勤俭节约、谦

图为广西壮族自治区北流市纪委监委联合市场监管、税务等部门工作人员在辖区商超了解情况，查看有无"四风"问题线索

虚谨慎、艰苦奋斗等光荣传统。经过全面从严治党的革命性锻造，作风漂浮、不严不实状况显著改变，刹住了一些长期没有刹住的歪风，纠治了一些多年未除的顽瘴痼疾，党风政风和社会风气为之一新。

坚持把党的纪律挺在前面。习近平总书记强调，我们党是靠革命理想和铁的纪律组织起来的马克思主义政党，纪律严明是党的光荣传统和独特优势。党的十八大以来，党中央全面加强纪律建设，两次修订党纪处分条例，明确了管党治党的尺子。党的十九大把纪律建设纳入党的建设总体布局、写入党章，进一步表明用严明的纪律管党治党的坚定决心。强化政治纪律和组织纪律，带动各项纪律全面严起来。坚持纪严于法、执纪执法贯通，提出和实践监督执纪"四种形态"，加强纪律教育，实现由"惩治极少数"向"管住大多数"拓展。经过全面从严治党的革命性锻造，有效维护了党章党规党纪的权威，促使广大党员明规矩、存戒惧、守底线，使铁的纪律真正转化为党员干部的日常习惯和自觉遵循，促进从源头上净化党内政治生态。

坚持不敢腐、不能腐、不想腐一体推进。习近平总书记强调以系统施治、标本兼治理念管党治党，坚决打赢反腐败这场输不起的斗争。党的十八大以来，我们党坚持不敢腐、不能腐、不想腐一体推进，惩治震慑、制度约束、提高觉悟一体发力，从治标抓起，逐步推进标本兼治。强化"不敢腐"的震慑，坚持无禁区、全覆盖、零容忍，坚持重遏制、强高压、长震慑，坚持受贿行贿一起查，坚持有案必查、有腐必惩，坚决整治群众身边腐败问题，深入开展国际追逃追赃。扎紧"不能腐"的笼子，做实以案促改、以案促治，通过深化改革和制度创新，加强对权力运行的制约和监督。构筑"不想腐"的堤坝，强化以案为鉴、警示提醒，引导党员干部从思想源头消除贪腐之念。经过全面从严治党的革命性锻造，有效清除侵蚀党的健康肌体的病毒，不敢腐的震慑充分彰显，不能腐的笼子越扎越牢，不想腐的自觉显著增强，探索出了一条中国特色反腐败之路。

坚持制度治党、依规治党。习近平总书记强调，要增强依规治党的自觉性和坚定性，用制度管权管事管人。党的十八大以来，党中央注重党内法规同国家法律衔接协调，构建以党章为根本、配套党内法规为支撑的党内法规制度体系。把党内法规制度执行摆在更加突出位置，强化监督问责，坚决纠正有令不行、有禁不止行为。经过全面从严治党的革命性锻造，推动各方面制度更加成熟定型，形成了比较完善的党内法规体系，营造了尊崇制度的良好氛围，党的建设科学化、制度化、规范化水平明显提高，形成了中国共产党之治、中国之治的独特优势。

坚持完善党和国家监督体系。习近平总书记指出，监督是治理的内在要素，在管党治党、治国理政中居于重要地位。党的十八大以来，党中央加强党对反腐败工作的统一领导，一体推进党的纪律检查体制改革、国家监察体制改革、纪检监察机构改革，推动反腐败工作在决策部署指挥、职能权限配置、资源力量整合、制度机制完善、措施手段运用上全面深化。创造性提出党委（党组）主体责任和纪委监委监督责任，制定党内监督条例，保障党员监督权利，加强对"一把手"和领导班子监督。强化专责监督，推进纪律监督、监察监督、派驻监督、巡视监督统筹衔接。以党内监督为主导，促进各类监督贯通协调。经过全面从严治党的革命性锻造，建立起党统一领导、全面覆盖、权威高效的监督体系，增强监督的严肃性、协同性、有效性，推动监督制度优势更好转化为治理效能。

坚持敢于斗争、善于斗争。习近平总书记强调，实现伟大梦想必须进行伟大斗争，要培养和保持顽强的斗争精神、坚韧的斗争意志、高超的斗争本领。党的十八大以来，党中央充分认识反腐败斗争的长期性、复杂性、艰巨性，一方面坚决发扬斗争精神，以刀刃向内的决心和勇气，同安逸享乐和不思进取的消极心态作斗争，同各种沉疴宿疾和积习积弊作斗争，同利益集团和"潜规则"作斗争，同权力腐蚀和利益诱惑作斗争。另一方面积极提高斗争本领，坚持实事求是，精准运用政策策略；坚持系统观念，纠树并举、破立并进；坚持惩前毖后、治病救人，纪法情理贯通融合；坚持激励约束并重，做到"三个区分开来"。经过全面从严治党的革命性锻造，党员干部应对重大挑战、抵御重大风险、解决重大矛盾的能力全面提升，为夺取新时代伟大斗争的新胜利提供重要保证。

**知识链接**

"三个区分开来"是指：要把干部在推进改革中因缺乏经验、先行先试出现的失误和错误，同明知故犯的违纪违法行为区分开来；把上级尚无明确限制的探索性试验中的失误和错误，同上级明令禁止后依然我行我素的违纪违法行为区分开来；把为推动发展的无意过失，同为谋取私利的违纪违法行为区分开来。

## 深刻把握大党独有难题的破解之道

党的二十大报告提出，我们党作为世界上最大的马克思主义执政党，要始终赢得人民拥护、巩固长期执政地位，必须时刻保持解决大党独有难题的清醒和坚定。习近平总书记在二十届中央纪委二次全会上进一步用"六个如何始终"概括了"大党独有难题"，即"如何始终不忘初心、牢记使命，如何始终统一思想、统一意志、统一行动，如何始终具备强大的执政能力和领导水平，如何始终保持干事创业精神状态，如何始终能够及时发现和解决自身存在的问题，如何始终保持风清气正的政治生态"。解决这些大党独有难题，必须把握好习近平新时代中国特色社会主义思想的世界观和方法论，坚持好、运用好"六个必须坚持"，深入推进新时代党的建设新的伟大工程，确保我们党始终走在时代前列。

秉持人民至上的价值理念。作为马克思主义政党，中国共产党是中国工人阶级的先锋队，同时是中国人民和中华民族的先锋队。党的性质宗旨决定了党必须坚持人民至上的根本价值立场。党的根基在人民、血脉在人民、力量在人民，人民是党执政兴国的最大底气。我们党的一切工作始终以人民利益为根本出发点和落脚点，完全不为自己谋私利，因此能够摆脱个人利益的束缚、部门利益和地方利益的局限，以蓬勃朝气、昂扬锐气、浩然正气涵养自我革命的勇气。实践表明，正是因为我们党除了人民的利益之外没有自己特殊的利益，我们党才敢于并善于刮骨疗毒、壮士断腕，进行彻底的、大无畏的自我革命，才有了彻底解决大党独有难题的底气。

铸就自信自强的精神品格。中国共产党始终把马克思主义这一科学理论作为自己的行动指南，并坚持在实践中不断丰富和发展马克思主义。马克思主义所具有的追求人类解放的人民性品格、实事求是的科学性品格、知行合一的实践性品格等，使我们党具有了坚定历史自信的理论支撑和自强不息的精神支撑。中国人民和中华民族从近代以后的深重苦难走向伟大复兴的光明前景，从来就没有教科书，更没有现成答案。鸦片战争后，中国逐步成为半殖民地半封建社会，国家蒙辱、人民蒙难、文明蒙尘，中华民族遭受了前所未有的劫难。十月革命一声炮响，给中国送来了马克思列宁主义。在中国人民和中华民族的伟大觉醒中，在马克思列宁主义同中国工人运动的紧密结合中，中国共产党应运而生。中国共产党坚持马克思主义基本原理，坚持实事求是，从中国实际出发，洞察时代大势，把握历史主动，进行艰辛探索，不断推进马克思主义中国化时代化，把马克思主义基本原理同中国具体实际相结合、同中华优秀传统文化相结合，不仅解决了中国社会的革命、建设、改革难题，也找到了跳出治乱兴衰历史周期率的时代答案，为解决大党独有难题提供了基本立足点。

弘扬守正创新的进取精神。大党独有难题，难就难在既要正本清源，确保党永远不变质、不变色、不变味，又要与时俱进，不断增强党的政治领导力、思想引领力、群众组织力、社会号召力。解决大党独有难题，关键就在于守正创新。守正与创新相辅相成，体现了变与不变、继承与发展、原则性与创造性的辩证统一，既能固本强基，夯实党的执政根基，又能开拓创新，为解决大党独有难题提供新的解决思路和办法。党的自我革命历程充分表明，中国共产党人既能坚守初心使命，不断增强自我净化、自我完善、自我革新、自我提高能力，又能紧跟时代步伐，顺应实践发展，以满腔热忱对待一切新生事物，这是我们党能够破解前进道路上一系列难题的关键所在。在新征程上解决大党独有难题，要弘扬守正创新的进取精神，既深刻总结中国共产党百年管党治党的成功经验，又不断探索新规律，为解决大党独有难题提供科学指导和重要支撑。

增强问题导向的自觉意识。敢于直面问题、勇于修正错误，是我们党的显著特点和优势。我们党始终保持正视问题的自觉和刀刃向内的勇气，一次次拿起"手术刀"革除自身的病症，一次次依靠自身力量和与群众结合的力量解决自身问题，攻克了一个又一个看似不可攻克的难关，从而能够在现代中国各种政治力量反复较量中脱颖而出，成为中国人民和中华民族的主心骨。提出"大党独有难题"，并用"六个如何始终"概括了其主要内容，既体现了敢于直面问题的坚定，又体现了善于找准问题的智慧，为我们解决大党独有难题提供了着力点。要看到的是，直面问题、找准问题是过程，最终目的是解决问题。面对一系列大党独有难题，必须发扬钉钉子精神，以咬定青山不放松的耐心和恒心，通过一个问题一个问题的解决，不断把党的自我革命推向前进。

树牢整体推进的系统观念。解决大党独有难题是一个系统工程，内部各要素之间相互联系、相互影响，往往牵一发而动全身。新征程上，我们必须牢固树立系统观念，把党的建设作为一项伟大工程来推进，善于通过历史看现实、透过现象看本质，把握好全局和局部、当前和长远、宏观和微观、主要矛盾和次要矛盾、特殊和一般的关系，不断提高战略思维、历史思维、辩证思维、系统思维、创新思维、法治思维、底线思维能力，坚持前瞻性思考、全局性谋划、整体性推进，从而确保全面有效解决大党独有难题。

彰显胸怀天下的格局境界。中国共产党是为中国人民谋幸福的政党，也是为人类进步事业而奋斗的政党。中国共产党既为中国人民谋幸福，也把为人类作出新的更大的贡献作为自己的使命。新时代新征程，解决大党独有难题，要将其置于中华民族伟大复兴战略全局和世界百年未有之大变局之中考量。当前，我国发展面临新的战略机遇、新的战略任务、新的战略阶段、新的战略要求、新的战略环境。世界百年未有之大变局加速演进，不确定、难预料因素增多，国内改革发展稳定面临不少深层次矛盾躲不开、绕不过，党的执政面临的各种风险挑战、困难问题严峻复杂，迫切需要以海纳百川的宽阔胸襟借鉴吸收一切有益经验，科学认识历史发展规律，找到破解难题的办法和路径。

作为习近平新时代中国特色社会主义思想世界观方法论的集中体现，"六个必须坚持"虽各有侧重，但它们之间又是相互联系、相辅相成、相得益彰的关系，是一个辩证统一的有机整体。新征程上，必须将"六个必须坚持"作为一个有机整体来看待，将"六个必须坚持"统筹起来考虑，整体性运用于解决大党独有难题之中，切实增强解决大党独有难题的整体效能。

（资料来源：《经济日报》2023年5月7日）

**阅读推荐**

1. 刘靖北：《深入推进新时代党的建设新的伟大工程》，《中国纪检监察报》2023年1月12日。

2. 王传利：《新时代深入推进党的建设新的伟大工程的理论依据》，《马克思主义研究》2022年第10期。

3. 詹成付：《必须时刻保持解决大党独有难题的清醒和坚定》，《红旗文稿》2023年第1期。

4. 中央纪委国家监委机关：《全面贯彻习近平新时代中国特色社会主义思想　在推动解决大党独有难题上忠实履职尽责》，《人民日报》2023年6月6日。

**思考题**

1. 为什么要健全全面从严治党体系？
2. 如何把党的伟大自我革命进行到底？
3. 深入推进新时代党的建设新的伟大工程的重点任务有哪些？

# 专题三

民营经济是社会主义市场经济的重要组成部分，是我们党长期执政、团结带领全国人民实现"两个一百年"奋斗目标和中华民族伟大复兴中国梦的重要力量。民营经济对经济社会发展、就业、财政税收、科技创新等具有重要作用。

党的二十大报告再次强调了"两个毫不动摇"，即"毫不动摇巩固和发展公有制经济，毫不动摇鼓励、支持、引导非公有制经济发展"，强调了"充分发挥市场在资源配置中的决定性作用，更好发挥政府作用"，提出"优化民营企业发展环境，依法保护民营企业产权和企业家权益，促进民营经济发展壮大"。并为此提出一系列推动经济发展和企业发展的重大改革举措，如"支持中小微企业发展。深化简政放权、放管结合、优化服务改革""完善产权保护、市场准入、公平竞争、社会信用等市场经济基础制度，优化营商环境"等，党的二十大精神为新形势下的民营经济提供了强大的精神动力和更为广阔的发展空间。我们要深入学习领会党的二十大精神，全面贯彻习近平新时代中国特色社会主义思想，全面认识新时期的民营经济，为民营经济营造良好的发展空间，为民营企业营造良好的经营环境，更好发挥民营企业的作用，推动民营经济高质量发展，助力以中国式现代化推进中华民族伟大复兴。

## 一、新形势下民营经济的地位和作用

党的十八大以来，以习近平同志为核心的党中央高度重视民营经济的发展。党的十八届三中全会提出全面深化改革总目标：完善和发展中国特色社会主义制度，推进国家治理体系和治理能力现代化，提出要充分发挥市场在资源配置中的决定性作用和更好发挥政府作用，提出公有制经济和非公有制经济都是社会主义市场经济的重要组成部分。"都是社会主义市场经济的重要组成部分"，

就业是最基本的民生。民营企业是吸纳就业的"蓄水池"和"稳定器"，充分挖掘民营企业就业潜力对缓解就业市场压力有重要作用。图为2023年1月6日，河南省一家民营企业的工人正在焊接"武汉—南昌特高压钢管塔"项目订单组装件

一个"都是"足以表明：党中央把国有企业和民营企业放在完全平等的地位。这次全面深化改革，可以说在顶层设计上进一步明确了民营经济的地位和作用，这就为民营经济创造了更加公平、广阔的发展空间。

改革开放40多年来，民营经济每前进一步，都是靠党的政策引领。党的十二大提出，在农村和城市，都要鼓励劳动者个体经济在国家规定的范围内和工商行政管理下适当发展，作为公有制经济的必要的、有益的补充。党的十三大提出，必须以公有制

为主体，大力发展有计划的商品经济。提出要在以公有制为主体的前提下发展多种经济成分，在以按劳分配为主体的前提下实行多种分配方式，在共同富裕的目标下鼓励一部分人通过诚实劳动和合法经营先富起来。在提出建立社会主义市场经济体制的基础上，党的十四大提出，社会主义市场经济体制是同社会主义基本制度结合在一起的。在所有制结构上，以公有制包括全民所有制和集体所有制经济为主体，个体经济、私营经济、外资经济为补充，多种经济成分长期共同发展，不同经济成分还可以自愿实行多种形式的联合经营。党的十五大提出，非公有制经济是我国社会主义市场经济的重要组成部分。对个体、私营等非公有制经济要继续鼓励、引导，使之健康发展。

从党的十二大提出的非公有制经济是"公有制经济的必要的、有益的补充"到"是我国社会主义市场经济的重要组成部分"，再到党的十八届三中全会提出"公有制经济和非公有制经济都是社会主义市场经济的重要组成部分"，表明党对民营经济的政策越来越宽松、越来越优越。

关于我国民营经济的发展，可以从以下两个典型事例中得到更多的启示。

## （一）"八大王"：从被捕到平反

党的十一届三中全会后，在有着深厚工商传统的温州市乐清县（今乐清市），个体、私营经济迅速兴起，尤以柳市镇家庭个体户经营的小五金电器遍地开花，其中最为活跃的8个经营能人具有相当大的影响力，人称"八大王"。他们是："螺丝大王"刘大源、"五金大王"胡金林、"目录大王"叶建华、"矿灯大王"程步青、"合同大王"李方平、"电器大王"郑元忠、"线圈大王"郑祥青、"旧货大王"王迈仟。

"八大王"的名声不胫而走，很快就以投机倒把罪被抓捕。1982年初，中央下发打击经济领域犯罪活动的紧急通知，以"投机倒把罪"抓了一批走在市场经济"风头浪尖"上的人。"八大王"理所当然地被列为重要打击对象。1983年，中央1号文件《当前农村经济政策的若干问题》下达后，人们清楚地看到中央对农村联产承包责任制给予充分的肯定，也是这一文件的颁布，农村经济政策才获得了进一步放宽，"八大王"被羁押的人员中有的被无罪释放，有的被取保候审。

后来，亲手批示处理"八大王"事件的中共浙江省委常委、新任温州市委书记袁芳烈通过调研发现，此事在干部群众心中造成了极大恐慌。1983年春节刚过，袁芳烈亲自组织联合调查组，本着实事求是的原则对案情进行复查，得出的结论是："除了一些轻微的偷漏税外，'八大王'的所作所为符合中央精神。"一年后，在1984年春召开的全市乡镇书记以上干部会议上，袁芳烈作了《吸取"八大王"事件教训，大胆支持发展商品经济》的讲话。温州市委公开宣布给"八大王"平反。

随着市场经济体制的确立，1997年取消"投机倒把罪"，投机倒把条例也于2008年1月撤销。"八大王"是中国市场经济发展进程中的闯关者，他们每人拿着一把板斧，劈开了一条血路，然而历史却永远定格，"八大王"成为中国经济改革发展曲折过程的一个符号。

李强总理在2023年两会答记者问时，讲到浙江企业家的"四千精神"：千言万语、千山万水、千方百计、千辛万苦。从"八大王"的身上，我们就可以体会到"四千精神"是怎样炼成的。"四千精神"既是浙江的企业家精神，也是中国企业家共有的精神品质。

### （二）邓小平："傻子瓜子"不能动

"傻子瓜子"事件指的是安徽芜湖开办瓜子炒货的生意人年广九，因邓小平两次在高层提及此人而闻名全国，号称"中国第一商贩"。党的十一届三中全会召开时，年广九的炒瓜子小作坊就是拥有100多号工人的"大工厂"，可谓红极一时。

让我们看看"傻子"年广九的发家史：1965年，年广九子承父业摆起水果摊；1966年，年广九因卖板栗被关二十多天；1972年，年广九学会了炒瓜子的手艺，转向经营瓜子；1979年12月，注册"傻子瓜子"商标；1980年，邓小平肯定了安徽的包产到户，第一次提及"傻子瓜子"；1984年，邓小平第二次提到"傻子瓜子"，个体户雇工问题得到了解决；1991年5月，年广九被判刑；1992年，邓小平南方谈话再次谈到"傻子瓜子"，同年，年广九因经济罪不成立而获释。

1983年底，有人举报年广九雇工问题，罪名是"资本家复辟"，有关部门派专人到芜湖调查年广九，写了一个报告上报中央，惊动了邓小平。邓小平因此两次点年广九的名，以"傻子瓜子"为例，对发展私营经济进行表态。在《邓小平文选》中，有这样的记录：农村改革初期，安徽出了个"傻子瓜子"问题，当时许多人不舒服，说他赚了一百万，主张动他，我说不能动，一动人们就会说政策变了，得不偿失。1984年10月22日，邓小平指出："我的意思是放两年再看，让'傻子瓜子'经营一段，怕什么？伤害了社会主义了吗？"

一个是中国改革开放的总设计师，一个是中国社会底层的个体户，"大人物"与"小人物"因为改革开放有了交集。邓小平的一句话不仅改变了年广九的命运，也决定着改革开放的历史进程。

历经风波的年广九在2000年后，将"傻子瓜子"经营权移交给儿子，自己则淡出市场，到2008年，"傻子瓜子"在全国仍有上千家专卖店。但属于

"傻子瓜子"的好时代终究过去了。2023年1月11日，"傻子瓜子"创始人年广九先生因病医治无效在芜湖逝世，享年84岁。"年广九先生治丧委员会"的讣告说，年广九出身贫苦，一生从事瓜子生意，饱受磨难，几度沉浮。但他迎难而上，创出深受消费者喜爱的著名品牌"傻子瓜子"。尤其在改革开放的大潮中，以敢为天下先的大无畏气概，开启中国民营经济先河，被誉为"中国第一商贩"。

温州"八大王"事件、安徽"傻子瓜子"事件，只不过是中国改革开放进程中民营经济所遇波折的缩影。"八大王"和"傻子瓜子"的故事说明，中国的民营经济每前进一步都备尝艰辛。这两个事件同时也昭示了，只要有党中央的坚强领导，只要我们坚持改革开放不动摇，任何人也阻挡不了改革开放的铿锵步伐，阻挡不了民营经济的蓬勃发展。

一个时期以来，社会上出现了一股背离改革方向、否定民营经济的歪风。这些人提出所谓"民营经济离场论"，说民营经济已经完成使命，要退出历史舞台；还有人提出所谓"新公私合营论"，把现在的混合所有制改革曲解为新一轮"公私合营"。这种奇谈怪论严重背离了中央精神，给民营经济的发展带来了不良影响。

2023年3月6日，习近平总书记在看望参加政协会议的民建工商联界委员时强调：党中央始终坚持"两个毫不动摇""三个没有变"，始终把民营企业和民营企业家当作自己人，并提出，要引导民营企业和民营企业家正确理解党中央方针政策，增强信心、轻装上阵、大胆发展，实现民营经济健康发展、高质量发展。民营企业要践行新发展理念，深刻把握民营经济发展存在的不足和面临的挑战，转变发展方式、调整产业结构、转换增长动力、坚守主业、做强实业，自觉走高质量发展路子。在联组会上，习近平总书记再次强调"两个毫不动摇""三个没有变"，并提出"两个健康"。"两个毫不动摇"是指：毫不动摇巩固和发展公有制经济，毫不动摇鼓励、支持、引导非公有制经济发展。"三个没有变"是指：非公有制经济在我国经济社会发展中的地位和作用没有变，我们毫不动摇鼓励、支持、引导非公有制经济发展的方针政策没有变，我们致力于为非公有制经济发展营造良好环境和提供更多机会的方针政策没有变。"两个健康"是指：非公有制经济健康发展和非公有制经济人士健康成长。习近平总书记的重要讲话和指示精神为民营经济健康发展、高质量发展指明了方向，也给民营企业家吃了"定心丸"。有了总书记给民营企业的这颗"定心丸"，民营企业就可以放下包袱，不怕杂音，就可以"任凭风浪起，敢上钓鱼船"！

改革开放40余年来，我国的民营经济从"0"到"56789"：这是对改革开放以来我国民营经济发展的生动描述。"56789"，即民营经济贡献了50%

以上的税收，60% 以上的国内生产总值，70% 以上的技术创新成果，80% 以上的城镇劳动就业，90% 以上的企业数量。"56789" 来之不易，逆水行舟，不进则退，改革也从来没有休止符。在改革开放的新征程上，民营经济同样面临许多新机遇。一是绿色生态机遇。中国经济已由粗放的数量型增长转为质量效益型增长，民众消费结构和形态也随之发生改变，从物质层面的升级换代转向更加追求绿色、生态化消费。在这方面，民营经济船小好调头，转型快，可以抓住机遇，乘势而上。二是"双循环"机遇。"双循环"中的内循环对应中国本土市场主体，其中绝大多数是民营企业。在外循环方面，民营企业也积累了丰富的外向型经济发展经验。因此民营企业不仅要积极发挥国内市场优势，还要积极对接国际市场，寻找外循环方面可以抓住的机会。三是城镇化机遇。未来 10 年城镇化将成为中国发展的最大机遇之一，部分发展快速的地区将产生大量交通、教育、养老等需求。民营企业家要在全面推进乡村振兴和城镇化进程中找到新的增长点，在这些地方发力，助力中国经济加快调整升级步伐。

见"习"日记

　　民营经济是我们党长期执政、团结带领全国人民实现"两个一百年"奋斗目标和中华民族伟大复兴中国梦的重要力量。我们始终把民营企业和民营企业家当作自己人，在民营企业遇到困难的时候给予支持，在民营企业遇到困惑的时候给予指导。要优化民营企业发展环境，破除制约民营企业公平参与市场竞争的制度障碍，依法维护民营企业产权和企业家权益，从制度和法律上把对国企民企平等对待的要求落下来，鼓励和支持民营经济和民营企业发展壮大，提振市场预期和信心。

——2023 年 3 月 6 日，习近平总书记在看望参加政协会议的
民建工商联界委员时的讲话

## 二、新形势下民营企业如何实现高质量发展

🔗 相关链接
民营经济一线观察

　　党的二十大提出要"加快构建新发展格局，着力推动高质量发展"，并指出高质量发展是全面建设社会主义现代化国家的首要任务。发展是党执政兴国的第一要务。没有坚

实的物质技术基础，就不可能全面建成社会主义现代化强国。民营经济是构建新发展格局、推动高质量发展的重要力量。因此，实现高质量发展是当前民营企业的首要任务和主责主业。

### （一）融入新发展格局是民营企业高质量发展的必然选择

实现高质量发展，必须融入新发展格局。必须完整、准确、全面贯彻新发展理念，将企业发展融入以国内大循环为主体、国内国际双循环相互促进的新发展格局。结合国家实施的扩大内需战略和提出的深化供给侧结构性改革，增强企业在国内大循环内生动力，提升企业参与国际循环的能力，在国家加快建设现代化经济体系中发挥应有的作用。

第一，民营经济要在全面推进乡村振兴中发挥重要作用。我们在中国共产党成立100周年之际，全面建成了小康社会，这就意味着我们的精准扶贫精准脱贫攻坚战已经胜利并结束，如今我们的任务是全面推进乡村振兴。党的二十大强调，全面建设社会主义现代化国家，最艰巨最繁重的任务仍然在农村。党的二十大报告指出，坚持农业农村优先发展，坚持城乡融合发展，畅通城乡要素流动。加快建设农业强国，扎实推动乡村产业、人才、文化、生态、组织振兴。

民营企业是内贸流通的主力军，在批发、零售、住宿、餐饮等与百姓生活息息相关的行业中发挥着重要作用。图为2023年1月10日的拉萨天海夜市中人们在用餐

民营企业要在发展乡村特色产业上发挥自身优势，参与发展新型农业经营主体和社会化服务，参与发展农业适度规模经营，在推进乡村振兴中找准自己的位置，既响应和支持乡村振兴，又进一步开拓乡村大市场，从而实现企业的高质量发展。

第二，民营经济要在促进区域协调发展中发挥重要作用。党的二十大报告提出，推动西部大开发形成新格局，推动东北全面振兴取得新突破，促进中部地区加快崛起，鼓励东部地区加快推进现代化。支持革命老区、民族地区加快发展，加强边疆地区建设，推进兴边富民、稳边固边。报告强调，推进京津冀协同发展、长江经济带发展、长三角一体化发展，推动黄河流域生态保护和高质量发展。报告强调，高标准、高质量建设雄安新区，推动成渝地区双城经济圈建设等。促进区域协调发展是国家重大战略，是一篇推动实现高质量发展的大文章，民营企业一定要做好这篇大文章，积极投身促进区域协调发展，在西部大开发、兴边富民、京津冀协同发展、长江经济带发展、长三角一体化发展、高质量建设雄安新区、推动成渝地区双城经济圈建设中寻找新的发展机遇，发挥不可替代作用。

第三，民营经济要在推进高水平对外开放中发挥重要作用。党的二十大报告提出，要推进高水平对外开放。依托我国超大规模市场优势，以国内大循环吸引全球资源要素，增强国内国际两个市场两种资源联动效应，提升贸易投资合作质量和水平。具体措施是，推动共建"一带一路"高质量发展。优化区域开放布局，巩固东部沿海地区开放先导地位，提高中西部和东北地区开放水平。加快建设西部陆海新通道。加快建设海南自由贸易港，实施自由贸易试验区提升战略，扩大面向全球的高标准自由贸易区网络。推进高水平对外开放，民营企业绝不能缺席。中国对外开放的大门不仅永远不会关上，而且还会越开越大。民营企业要积极投身国际贸易、数字贸易、"一带一路"、海南自由贸易港等方面的建设，在推进高水平对外开放中实现自身的高质量发展。

### （二）践行新发展理念是民营企业高质量发展的必由之路

在经济高速增长时期，一部分民营企业经营比较粗放，与新阶段高质量发展的要求不相适应，迫切需要转型升级，实现高质量、可持续的发展。高质量发展是体现新发展理念的发展。民营企业要践行新发展理念，深刻把握发展中存在的不足和面临的挑战，加快转变发展方式、调整产业结构、转换增长动力。要坚守主业、做强实业，自觉走高质量发展路子，培育更多具有专业化、精细化、特色化、新颖化优势的企业。要积极拥抱数字技术，推动互联网、大数据、人工智能和自身发展深度融合，努力做到生产智能化、制造精细化、产品个性化、管理信息化、服务便利化。

### （三）坚持自主创新是民营企业高质量发展的内生动力

在激烈的国际竞争中，民营企业要开辟发展新领域新赛道、塑造发展新动能新优势，从根本上说还是要依靠科技创新，最终加快实现高水平科技自立自强。民营企业家要加强自主创新，专注品质，追求卓越，做创新发展的探索者、组织者、引领者，不断推进技术创新、产品创新、组织创新、商业模式创新。要重视技术研发和人力资本投入，有效调动员工创造力，努力掌握关键核心技术和自主知识产权，切实增强企业的核心竞争力和抵御风险能力，把企业打造成为强大的创新主体，在推进高水平科技自立自强中发挥更大作用。

**知识链接**

　　民营企业是科技创新的主力军，也是集聚科技创新要素的重要载体，是实现国家高水平科技自立自强的重要力量。近年来，我国民营企业的创新投入持续增长，创新质量显著提升，不断取得发明专利数量与质量的突破，在推动科技创新方面的重要作用日益凸显。目前我国民营科技企业占全国高新技术企业数量的50%左右，成为创新舞台上越来越活跃的角色。目前，全国65%左右的发明专利、70%左右的技术创新和80%以上的新产品都来自民营企业。这背后是民营企业不断加大的研发投入。2021年全国研发投入前1000家民营企业的研发费用总额达1.45万亿元，占全国研发经费支出的38.58%，同比增加23.14%。民营企业在科技创新方面有自身的突出优势，他们市场嗅觉敏锐、创新动力强、机制灵活、反应快，敢于涉足新领域、采用新技术、开发新工艺，勇于不断推出新产品、提供新服务，这有利于提升新科技成果的转化效率，也有助于加快提升中国产业链供应链的现代化水平，提升国家竞争力。因此，在全面建设现代化国家的新征程上，必须充分发挥民营企业在科技创新中的重要作用，有效解决企业在发展过程中遇到的困难和问题，增强民企创新能力和核心竞争力，培育一大批"专精特新"民营企业，助力我国科技创新水平实现整体提升。

## （四）弘扬企业家精神是民营企业高质量发展的精神力量

　　党的十九大召开前夕，中共中央、国务院发布了《关于营造企业家健康成长环境弘扬优秀企业家精神更好发挥企业家作用的意见》，首次提出中国的企业家精神：爱国敬业、遵纪守法、艰苦奋斗；创新发展、专注品质、追求卓越；履行责任、敢于担当、服务社会。这36个字，正是中国企业家的宝贵精神财富，也是新时代的企业家最鲜明的精神标识。新形势下，民营企业要实现高质量发展，一方面要以党的二十大精神为指引，积极参与和融入党中央和国家的重大决策部署；另一方面是要弘扬优

2023年6月29日，2023中新财经年中会"弘扬企业家精神、提振民营企业信心"主题论坛在北京举行。图为论坛活动现场

秀企业家精神，以更加饱满的精神状态为构建新发展格局、推动高质量发展贡献力量。

## 三、强化党建引领，把稳民营经济发展的"方向盘"

党的二十大提出了新时代党的建设总要求，健全全面从严治党体系，全面推进党的自我净化、自我完善、自我革新、自我提高，使我们党坚守初心使命，始终成为中国特色社会主义事业的坚强领导核心。民营企业党的建设是新时代党的建设新的伟大工程的重要一环。新形势下，要想实现民营企业高质量发展，就必须加强和做好民营企业党的建设，以民营企业党的建设引领民营企业高质量发展，重点要做到以下"三个明确"。

### （一）明确坚持和加强党中央集中统一领导

党的二十大报告指出，党的领导是全面的、系统的、整体的，必须全面、系统、整体加以落实。健全总揽全局、协调各方的党的领导制度体系，完善党中央重大决策部署落实机制，确保全党在政治立场、政治方向、政治原则、政治道路上同党中央保持高度一致，确保党的团结统一。报告强调，加强党的政治建设，严明政治纪律和政治规矩，落实各级党委（党组）主体责任，提高各级党组织和党员干部政治判断力、政治领悟力、政治执行力。报告还强调，增强党内政治生活政治性、时代性、原则性、战斗性，用好批评和自我批评武器，持续净化党内政治生态。

明确坚持和加强党中央集中统一领导，是新时代民营企业党的建设的首要任务。这就要求民营企业党组织要在政治立场、政治方向、政治原则、政治道路上同党中央保持高度一致，提高党组织和党员干部政治判断力、政治领悟力、政治执行力，增强党内政治生活政治性、时代性、原则性、战斗性，把党组织建设得更加坚强有力。民营企业的各级党组织和党员要增强"四个意识"、坚定"四个自信"、做到"两个维护"，深刻领悟"两个确立"的决定性意义，在思想上行动上与以习近平同志为核心的党中央保持高度一致。

### （二）明确坚持不懈用习近平新时代中国特色社会主义思想凝心铸魂

党的二十大报告强调，用党的创新理论武装全党是党的思想建设的根本任务。全面加强党的思想建设，坚持用习近平新时代中国特色社会主义思想统一思想、统一意志、统一行动，组织实施党的创新理论学习教育计划，建设马克思主义学习型政党。加强理想信念教育，引导全党牢记党的宗旨，解决好世界观、人生观、价值观这个总开关问题，自觉做共产主义远大理想和中国特色社会主义共同理想的坚定信仰者和忠实实践者。

非公有制经济是社会主义市场经济的重要组成部分，民营企业是非公有制经济的代表，民营企业家是中国特色社会主义事业的建设者，因此民营企业党组织必须坚持用习近平新时代中国特色社会主义思想武装头脑、指导实践、推动工作，坚定中国特色社会主义共同理想，在全体党员中开展习近平新时代中国特色社会主义思想主题教育、开展中国特色社会主义共同理想教育，教育党

相关链接
正确引导民营经济健康
发展高质量发展

员自觉做共产主义远大理想和中国特色社会主义共同理想的坚定信仰者和忠实实践者，教育民营企业家和广大员工坚定中国特色社会主义共同理想，画好中华民族伟大复兴中国梦这个中华民族最大同心圆。

## （三）明确增强党组织政治功能和组织功能

党的二十大报告强调要"增强党组织政治功能和组织功能"，并强调"加强混合所有制企业、非公有制企业党建工作，理顺行业协会、学会、商会党建工作管理体制"。民营企业要围绕党建形势任务变化，特别是新业态新就业群体党建工作的需要，进一步健全企业党建运行机制，构建"上下贯通、各方联动、齐抓共管"的工作格局，努力做到企业发展到哪里，党的组织就建到哪里，推动党组织从"有形覆盖"向"有效覆盖"转变。一是发挥政治引领作用。坚持把党建作为引领企业经济发展的"导航仪"，充分发挥党组织的战斗堡垒和群团组织的桥梁纽带作用，实现党建工作与企业发展同频共振。二是选优配强带头人。积极推行党群组织与企业管理层交叉任职制度，选出一批"有理想、有本领、有担当"的企业党组织和企业管理团队的带头人。三是锻造过硬组织队伍。积极引导优秀员工向党组织靠拢，实施政治素质和业务能力双培养机制，为企业发展注入新鲜血液和持久动力。

全面建设社会主义现代化国家、全面推进中华民族伟大复兴，关键在党。坚持党的全面领导是坚持和发展中国特色社会主义的必由之路。加强民营企业党的建设，不仅有利于扩大党建工作覆盖面、增强党的领导力，而且有利于党中央方针、政策的全面贯彻执行，有利于发挥党的思想政治优势、组织优势、增强党的执政能力、巩固党的执政地位；同时，也有利于民营企业把党的政治优势转化为企业的竞争优势和发展优势，从而推动民营企业健康发展、高质量发展。

## 坚定不移促进民营经济发展壮大

党的二十大擘画了全面建设社会主义现代化国家的宏伟蓝图，明确了以中国式现代化全面推进中华民族伟大复兴的中心任务，鲜明提出"促进民营经济发展壮大"的重要决策。习近平总书记在2022年中央经济工作会议上强调，要从政策和舆论上鼓励支持民营经济和民营企业发展壮大。工商联作为党领导的以民营企业和民营经济人士为主体的人民团体和商会组织，必须深刻领会、深入贯彻党的二十大和中央经济工作会议精神，牢牢把握新时代新征程的中心任务，以高度的政治责任感和历史使命感，围绕促进"两个健康"主题积极履职尽责，在促进民营经济发展壮大中更好发挥作用，为全面建设社会主义现代化国家贡献力量。

### 一、充分认识民营经济在全面建设社会主义现代化国家新征程中的重要地位和作用

支持民营企业发展，是党中央的一贯方针。党的十八大以来，以习近平同志为核心的党中央坚持"两个毫不动摇"，对民营经济发展和民营企业家成长给予高度重视和亲切关怀。习近平总书记充分肯定我国民营经济的重要地位和作用，强调民营企业和民营企业家是我们自己人；民营经济是我们党长期执政、团结带领全国人民实现"两个一百年"奋斗目标和中华民族伟大复兴中国梦的重要力量；在全面建设社会主义现代化国家的新征程中，我国民营经济只能壮大、不能弱化，不仅不能"离场"，而且要走向更加广阔的舞台。总书记先后就加强产权保护、弘扬企业家精神、优化营商环境、支持民营企业改革发展、构建亲清政商关系、加强民营经济统战工作等提出明确要求。党中央、国务院有关部门和各级党委政府从市场准入、营商环境、减税降费、融资支持等方面出台系列政策举措，为民营经济和民营企业发展壮大提供了有力支持。民营企业数量从2012年的1085.7万户增长到2022年的4700多万户，10年间翻了两番多；在国家级专精特新"小巨人"企业中，民营企业占比超过80%；民营上市公司数量突破3000家；在世界500强企业中，我国民营企业由2012年的5家增加到2022年的28家。

党的二十大着眼现代化建设全局，围绕加快构建新发展格局、着力推动高质量发展，对促进民营经济发展壮大提出明确要求。我们必须充分认识民营经济在全面建设社会主义现代化国家新征程中的重要地位和作用，更加深刻领悟

党中央高度重视和促进民营经济发展壮大的战略部署和决策意图。

从改革开放和现代化建设的伟大实践看，改革开放40多年来，在党的方针政策指引下，我国民营经济从小到大、由弱到强，具有"56789"的特征，即贡献了50%以上的税收，60%以上的国内生产总值，70%以上的技术创新成果，80%以上的城镇劳动就业，90%以上的企业数量。党的十八大以来，广大民营企业践行新发展理念，主动参与供给侧结构性改革和国家重大战略实施，助力统筹新冠疫情防控和经济社会发展，在总体规模和实力实现新跨越的同时，加快转入高质量发展轨道。实践充分说明，我国经济发展能够创造举世瞩目的中国奇迹，我们能够打赢脱贫攻坚战、如期全面建成小康社会、实现第一个百年奋斗目标，民营经济和民营经济人士功不可没。在新征程上，续写中国奇迹新篇章，任务将更加艰巨，更需要促进民营经济发展壮大，激发广大民营企业家创新创业创造的动力和活力。

从全面建设社会主义现代化国家的首要任务看，没有坚实的物质技术基础，就不可能全面建成社会主义现代化强国。高质量发展是全面建设社会主义现代化国家的首要任务。习近平总书记指出，民营经济是推进供给侧结构性改革、推动高质量发展、建设现代化经济体系的重要主体，这深刻揭示了民营经济在高质量发展这个首要任务中的重要地位。要实现高水平科技自立自强、高水平对外开放，推动经济实现质的有效提升和量的合理增长，加快构建新发展格局，离不开民营经济发展水平和质量的持续提升，离不开具有国际竞争力的优秀民营企业的茁壮成长。

从实现国家治理体系和治理能力现代化的制度保障看，公有制为主体、多种所有制经济共同发展，按劳分配为主体、多种分配方式并存，社会主义市场经济体制等社会主义基本经济制度，是党和人民的伟大创造，是中国特色社会主义制度的重要支柱，是我国国家制度和国家治理体系的一大显著优势。民营经济作为我国经济制度的内在要素，始终是坚持和发展中国特色社会主义的重要经济基础；民营经济人士作为我们自己人，始终是我们党长期执政必须团结和依靠的重要力量。党的二十大重申坚持和完善社会主义基本经济制度，强调"两个毫不动摇"。中央经济工作会议把坚持"两个毫不动摇"明确为做好经济工作必须坚持的经验之一，把切实落实"两个毫不动摇"作为2023年经济工作重点任务之一。

## 二、努力引导民营经济在全面建设社会主义现代化国家新征程中把握正确发展方向

党的二十大集中概括了中国式现代化的中国特色，深刻揭示了中国式现

代化的本质要求，为谋划部署全面建设社会主义现代化国家的战略任务和举措提供了总依据。中央经济工作会议对做好2023年经济工作作出全面部署。我们将着力引导民营企业和民营经济人士深刻理解中国式现代化的中国特色和本质要求，完整、准确、全面贯彻新发展理念，洞察大势、把握方向，发挥优势、补上短板，在全面建设社会主义现代化国家新征程上行稳致远，作出应有贡献。

坚持创新驱动，加快实现高质量发展。创新是引领发展的第一动力。党的二十大强调坚持创新在我国现代化建设全局中的核心地位，提出加强企业主导的产学研深度融合，强化企业科技创新主体地位，发挥科技型骨干企业引领支撑作用。中央经济工作会议强调，狠抓传统产业改造升级和战略性新兴产业培育壮大，着力补强产业链薄弱环节，在落实碳达峰碳中和目标任务过程中锻造新的产业竞争优势。这些都为民营企业创新发展指明了方向。工商联将引导广大民营企业坚定走创新驱动发展道路，抓住数字化、网络化、智能化机遇，顺应绿色化转型方向，把握标准化发展趋势，助推开辟发展新赛道、塑造竞争新优势，在带领企业发展壮大的过程中，推动厚植现代化的物质基础、夯实人民幸福生活的物质条件。

践行以人民为中心的发展思想，努力促进共同富裕。坚持以人民为中心的发展思想，是全面建设社会主义现代化国家必须牢牢把握的一条重大原则。党的二十大指出中国式现代化是全体人民共同富裕的现代化，强调全面推进乡村振兴、促进区域协调发展、完善分配制度、实施就业优先战略等。中央经济工作会议对落实落细就业优先政策、全面推进乡村振兴再次作出部署。在推进共同富裕的伟大实践中，民营企业和民营企业家既是受益者，更是实践者。工商联将引导民营经济人士践行以人民为中心的发展思想，着眼助推缩小城乡发展差距、区域发展差距和收入分配差距，坚持先富带后富、帮后富，健全员工工资合理增长机制，积极投身国家战略和区域发展战略，积极投身乡村振兴和光彩事业，热心支持公益慈善事业，当好辛勤劳动、合法经营、敢于创业的致富带头人，促进提高发展的平衡性、协调性、包容性。

提升企业国际竞争力，积极参与高水平对外开放。高水平对外开放是构建新发展格局的必然要求和重要前提。党的二十大强调稳步扩大规则、规制、管理、标准等制度型开放，推动共建"一带一路"高质量发展，深度参与全球产业分工和合作。中央经济工作会议提出要推进高水平对外开放，提升贸易投资合作质量和水平。这些重要部署必将为民营企业"走出去"提供更加广阔的空间。工商联将引导民营企业家立足中国、放眼世界，支持和服务企业积极参与全球范围内的产业分工和资源配置，积极参与高质量共建"一带一路"，提高把握国际需求、适应国际规则、引领国际标准、开拓国际市场的能力，提高中国产品、中国制造、中国品牌的全球竞争力和美誉度，在加强经贸交流、互利合作中讲好中国故事，为世界共同繁荣与和平发展作贡献。

大力弘扬企业家精神，传承发展中华商业文明。市场活力来自人，特别是来自企业家，来自企业家精神。党的二十大强调，弘扬企业家精神，促进非公有制经济健康发展和非公有制经济人士健康成长。中央经济工作会议进一步强调支持企业家创业、激发企业家精神。工商联将引导民营经济人士加强自我学习、自我教育、自我提高，热爱祖国、热爱人民、热爱中国共产党，自觉践行社会主义核心价值观，弘扬企业家精神，弘扬义利兼顾、以义为先，自强不息、止于至善的光彩精神，争做爱国敬业、守法经营、创业创新、回报社会的典范，为传承发展中华商业文明作出积极贡献。

加快绿色低碳转型，助力推动美丽中国建设。推动经济社会发展绿色化、低碳化是实现高质量发展的关键环节。党的二十大强调加快发展方式绿色转型、深入推进环境污染防治。中央经济工作会议提出推动经济社会发展绿色转型，协同推进降碳、减污、扩绿、增长。工商联将引导民营企业把绿色发展纳入长期战略，把绿色和节约理念融入企业文化，加快融入和构建绿色产业链。引导民营企业用好绿色金融支持政策和减污降碳激励约束机制，加快研发绿色低碳技术和产品，积极参与环境污染防治，助力落实"双碳"目标，为建设美丽中国作贡献。

## 三、以优化民营企业发展环境的实际举措促进民营经济发展壮大

好环境成就好企业，增信心重在优环境。党的二十大提出要优化民营企业发展环境，并强调完善产权保护、市场准入、公平竞争、社会信用等市场经济基础制度，优化营商环境。中央经济工作会议围绕促进民营经济发展壮大作出了一系列政策部署和机制安排。各级工商联将有效发挥桥梁纽带和助手作用，努力营造宜商惠企的政策环境、公正透明的法治环境、公平竞争的市场环境、尊商亲商的社会环境，帮助广大民营经济人士稳定发展预期、提振发展信心，更好地把他们的智慧和力量凝聚到全面建设社会主义现代化国家的伟大事业中来。

及时推动政策落地落实。当前，受多重因素影响，民营企业生产经营遇到较大困难，许多企业家对政策落地落实抱有更多期待。工商联将协同政策制定部门开展涉企政策宣传解读，利用现代信息技术手段，推动政策进商会、进企业，确保企业应知尽知、应享尽享。围绕科技创新、产业扶持、绿色低碳、税费减免、社保延期、融资可及性等政策落实情况深入调查研究，开展民营企业

季度运行状况调查，及时准确掌握民营企业政策诉求，协同相关部门推动政策进一步完善落实。加强对民营企业家的政治引领和思想引导，通过组织多层次的形势政策教育活动，讲清楚当前面临的形势任务、党中央的大政方针、推动经济运行整体好转的有利条件和光明前景，引导民营企业家正确认识时与势、辩证把握危和机、提振发展信心。

促进依法保护民营企业产权和企业家权益。法治是最好的营商环境。党的二十大提出依法保护民营企业产权和企业家权益，中央经济工作会议对此再次作出强调。工商联将继续完善法律服务体系，加强上下联动及与公检法司的横向协作，加强对社会化专业服务资源的有效整合，用好立法协商、法律维权、法治宣传、商会调解等工作机制和载体，在依法保护民营企业产权和企业家权益上发挥积极作用。协同推出一批民营企业产权保护典型案例，改进对中小微企业的法律服务，让企业家放心创业、安心经营、专心发展。

推动全面构建亲清政商关系。构建亲清政商关系是营造良好政治生态、优化营商环境的重要保障。党的二十大提出全面构建亲清政商关系的明确要求。中央经济工作会议强调，各级领导干部要为民营企业解难题、办实事，构建亲清政商关系。工商联具有连接"政"和"商"的优势，在增进和规范政商交往中要发挥"黏合剂"和"防火墙"的作用。一方面，积极搭建政企沟通协商平台，持续完善政企面对面、亲清直通车等品牌，扩大不同行业和规模民营企业参与的覆盖面，切实推动党委政府与民营企业通过工商联深度沟通、有效协商，形成共谋发展、共促创新的合力。另一方面，发挥工商联民主监督优势，围绕民营企业需求和企业家感受，持续改进和优化万家民营企业评营商环境工作，推动地方党委政府更大力度优化营商环境、激发企业动能。

维护和促进市场公平竞争。公平竞争是市场经济的基本原则。党的二十大就构建高水平社会主义市场经济体制和全国统一大市场作出专门部署，要求加强反垄断和反不正当竞争，破除地方保护和行政性垄断，依法规范和引导资本健康发展。中央经济工作会议强调，要从制度和法律上把对国企民企平等对待的要求落下来。工商联将把推动破除制约民营企业公平参与市场竞争的制度障碍作为一项重点工作来抓，用好各类议政建言平台，及时反映民营企业诉求，协同配合有关部门全面梳理涉企法律法规和政策文件，推动清理和修订违反公平开放透明市场规则的法律和政策规定，推动破除在审批许可、市场准入、招投标、要素获取等方面的隐性壁垒，把公平竞争原则落到实处。加强反垄断和反不正当竞争政策法规的宣传教育，发挥商会自治自律作用，引导民营资本健康有序发展。

协同防范化解民营经济领域重大风险。安全是发展的基础和前提。党的二十大对统筹发展和安全作出系统部署，中央经济工作会议把"有效防范化解重大经济金融风险"作为2023年经济工作的重点任务之一进行了重点部署。近年来，受多重因素影响，一些大型民营企业、部分行业头部企业生产经营风险开始暴露。工商联将把党中央关于统筹发展和安全的要求贯穿工作始终，加强与金融、网信、公安等部门的协同，持续加强稳健经营、安全发展教育，帮助企业健全内部治理体系，增强依法合规经营、防范化解风险的意识和能力；持续做好重点行业、重点企业风险监测和预警，协同相关部门有效处置企业重大风险，促进民营经济持续健康发展。

营造良好社会舆论氛围。舆论生态是重要的发展环境。党的二十大提出推动形成良好网络生态，中央经济工作会议强调从政策和舆论上鼓励支持民营经济和民营企业发展壮大。针对社会上出现的质疑我国基本经济制度、动摇社会主义市场经济改革方向、否定民营经济地位作用的杂音噪音，工商联将持续加大对中央决策部署的宣传，正确解读党和政府的大政方针、理念主张，廓清民营企业家的模糊认识，同时针对错误言论，毫不含糊地亮明态度、正本清源。加强正面宣传，广泛宣传民营企业的重要作用和贡献，推出一批敢闯敢干、改革创新的民营企业家先进典型，为民营经济健康发展营造清朗的舆论环境。

（资料来源：《求是》2023年第4期）

 阅读推荐

1. 庄聪生：《实现民营经济健康发展高质量发展》，《人民日报》2023年4月18日。

2. 郭冠男：《持续促进民营经济发展壮大》，《经济日报》2023年6月14日。

3.《中共中央关于全面深化改革若干重大问题的决定》，人民出版社2013年版。

4.《改革开放以来历届三中全会文件汇编》，人民出版社2013年版。

5.《党的二十大报告辅导读本》，人民出版社2022年版。

**思考题**

1. 非公有制经济"两个毫不动摇"的内涵和意义是什么？

2. 民营经济在全面建设社会主义现代化国家新征程中的重要地位和作用是什么？

3. 关于民营经济贡献的"56789"指的是什么？

4. 什么是企业家精神？

为党育人为国育才：全面推进中国式教育现代化

专题四

教育是国之大计、党之大计。培养什么人、怎样培养人、为谁培养人是教育的根本问题。育人的根本在于立德。要全面贯彻党的教育方针，落实立德树人根本任务，培养德智体美劳全面发展的社会主义建设者和接班人。

百年大计，教育为本。党的二十大报告明确提出要坚持为党育人、为国育才。新形势下，要全面贯彻党的教育方针，坚持以人民为中心发展教育，有力应对变局、奋力开拓新局，加快推进教育现代化，以教育之力厚植人民幸福之本，以教育之强夯实国家富强之基，为全面推进中华民族伟大复兴提供有力支撑。

# 一、为中国式现代化做好人才保障

伟大事业呼唤人才，伟大时代造就人才。人才作为第一资源，是高质量发展的主体与基石，推进中国式现代化离不开高质量的人才队伍。中国式现代化的本质是实现人的现代化。新时代新征程，必须进一步做好人才工作，为推进中国式现代化提供有力的人才保障。

## （一）人才是第一生产力、第一资源

千秋基业，人才为本。国以才立、政以才治、业以才兴。无论对一个行业，还是对一个政党、一个国家、一个民族，人才作为不可或缺的关键要素，都最为可贵。尤其是在知识经济日新月异的当今时代，人才作为"第一资源"的重要地位日益凸显，人才竞争已成为大国博弈的重要战场。国家之间、地区之间的竞争，归根到底是人才竞争。谁拥有先进人才，谁就掌握了发展的主动权，谁就能在国际及地区竞争中占有优势。

其一，重视人才是巩固党的长期执政地位的必然要求。历史实践证明，办好中国的事情，关键在党，关键在人才。党和国家各个时期取得的伟大成就，都离不开各方面人才的聪明才智和忘我工作。党的十八大以来，经过全党全国各族人民持续奋斗，我们历史性地解决了绝对贫困问题，全面建成了小康社会。现在我们踏上新征程，进一步完成党的执政使命、巩固党的执政地位，需要源源不断的人才为党和人民的事业增添新动力、注入新活力。这是一个呼唤人才也造就人才的伟大时代，我们要牢固树立人才是第一生产力、第一资源的意识，努力把各方面优秀人才集聚到党和人民的伟大事业中来。

其二，重视人才是实现第二个百年奋斗目标，实现中华民族伟大复兴的重要保证。习近平总书记指出，实现中华民族伟大复兴，人才越多越好。为实现第二个百年奋斗目标，实现中国梦，我们必须加快实施人才强国战略，使经济社会发展更多依靠人才素质提高、科技进步和管理创新，进一步释放人才创新智慧和创新潜能。切实将人才资源的潜力转化为现实发展的优势，需要采取有效措施，创造有利于人才辈出、人尽其才的环境，特别要注重人才资源开发，加快人才能力的培育。正如习近平总书记强调的，"我们比历史上任何时期都更接近实现中华民族伟大复兴的宏伟目标，我们也比历史上任何时期都更加渴求人才"。

其三，重视人才是在新科技革命中抢占先机、赢得优势的战略选择。一部人类社会发展史，实际上就是各方面人才的作用持续发挥的历史，是人才不断创新的历史。当前，世界范围内的新科技革命如火如荼开展，推动世界各国经济社会转型不断深化。从历史经验看，重大科技革命是推动国际格局大调整的重要原因。我国正处在新发展阶段，为确保发展态势持续向好，关键一招是抓住人才这个第一资源，打出"组合拳"，切实把党内外、国内外各方面优秀人才聚集起来，加快从要素、投资驱动发展为主向创新驱动发展为主转变，努力使我国由人

🔗 相关链接
科教兴国　人才强国
聚天下英才而用之

口大国转化为人才资源强国，不断在新科技革命中抢占先机、赢得优势。

新时代新征程，我们要充分认识人才工作的重要性和紧迫性，认真分析人才建设的历史和现状，明确目标、落实责任、抓住重点、讲求实效，全面贯彻为党育人为国育才的方针，全面推进中国式教育现代化。

## （二）为党育人为国育才是党的优良传统

中国共产党作为百年大党，在领导中国革命、建设、改革的过程中，历来高度重视人才和人才工作，始终把发展教育、培养人才放在党的事业的重要战略地位。始终把选人用人作为关系党和人民事业的关键性、根本性问题来抓。可以说，百余年党史就是一部集聚人才、团结人才、造就人才、壮大人才队伍的历史。中国共产党"为什么能"？答案是：人才！中国共产党人从建党之初就深刻意识到"致天下之治者在人才"。在百余年奋斗历程中，中国共产党始终把人才作为国家进步、民族复兴的战略资源，始终坚持为党育人、为国育才，坚持德才兼备、选贤任能，聚天下英才而用之。

1938年，毛泽东同志在党的六届六中全会上鲜明提出"政治路线确定之后，干部就是决定的因素"，并明确指出：中国共产党是在一个几万万人的大民族中领导伟大革命斗争的党，没有多数才德兼备的领导干部，是不能完成其历史任务的。才德兼备的标准就是"任人唯贤"。他还提出了一直沿用至今的人才工作办法：必须善于识别干部，要看干部的全部历史和全部工作；必须善于使用干部，坚持正派的公道的作风，反对不正派不公道的作风；必须善于指导干部，提高教育他们，放手让他们工作，发挥其创造性；对犯错误的干部，要采取说服教育的方法，帮助他们改正错误。在领导改革开放的进程中，邓小平同志十分重视人才的发现和使用。1984年，他在评价一份经济体制改革的文件时

说，"这个文件一共十条，最重要的是第九条"，而这个第九条"概括地说就是'尊重知识，尊重人才'八个字，事情成败的关键就是能不能发现人才，能不能用人才"。1985 年，他在科技体制改革工作中强调："我最关心的，还是人才。"党的十八大以来，以习近平同志为核心的党中央立足中华民族伟大复兴战略全局和世界百年未有之大变局，继承发展马克思主义人才理论，汲取我国优秀传统人才思想，全面深入推进人才强国战略，突出强调"人才是第一资源""聚天下英才而用之"，以识才的慧眼、爱才的诚意、用才的胆识、容才的雅量、聚才的良方，把党内外、国内外各方面优秀人才集聚到党和人民的伟大奋斗中来，推动新时代人才工作取得历史性成就、发生历史性变革，为实现中华民族伟大复兴凝聚起磅礴智慧力量。

纵观历史，我们党通过"筑巢引凤"，吸引了一代又一代优秀人才接续投身党和人民的伟大事业，推动了中国革命、建设、改革事业蓬勃健康发展。新时代新征程，推进中国式现代化，更需要一批批能够满足社会发展需要、适应现代科技发展水平、具有创新能力和开拓精神的人才队伍，真正奏响人才强国的"主题曲"。

见"习"日记

教育兴则国家兴，教育强则国家强。建设教育强国，是全面建成社会主义现代化强国的战略先导，是实现高水平科技自立自强的重要支撑，是促进全体人民共同富裕的有效途径，是以中国式现代化全面推进中华民族伟大复兴的基础工程。要全面贯彻党的教育方针，坚持以人民为中心发展教育，主动超前布局、有力应对变局、奋力开拓新局，加快推进教育现代化，以教育之力厚植人民幸福之本，以教育之强夯实国家富强之基，为全面推进中华民族伟大复兴提供有力支撑。

——2023 年 5 月 29 日，习近平总书记在主持中共中央政治局第五次集体学习时的讲话

## 二、坚持社会主义办学方向

教育是人才培养的基本途径。古今中外，每个国家都是按照自己的政治要求来培养人的，世界一流学校都是在服务国家发展中成长起来的。我国是中国共产党领导的社会主义国家，这就决定了我们的教育必须把培养社会主义建设者和接班人作为根本任务，培养一代又一代拥护中国共产党领导和我国社会主

义制度、立志为中国特色社会主义奋斗终身的有用人才，确保党的事业和社会主义现代化强国建设后继有人。

## （一）党领导人民教育实践探索的历史传承

建党伊始，毛泽东在中国共产党第一次全国代表大会上就提出"为党育人为国育才"的思想。他强调，共产党要培养以爱国主义为核心的共产主义精神，提倡全党共同育人，全党共同育才，以培养有爱国心、有担当精神、有创新能力的共产主义人才为己任。

新中国成立后，1958 年 9 月，中共中央国务院发布《关于教育工作的指示》提出：党的教育工作方针，是教育为无产阶级的政治服务，教育与生产劳动结合；为了实现这个方针，教育工作必须由党来领导……教育工作必须在党的领导之下，才能很好地为社会主义革命和社会主义建设服务……同"为教育而教育""劳心与劳力分离"和"教育只能由专家领导"的资产阶级思想进行坚决的斗争。

改革开放后，1985 年 5 月，中共中央发出的《关于教育体制改革的决定》指出："教育必须为社会主义建设服务，社会主义建设必须依靠教育……所有这些人才，都应该有理想、有道德、有文化、有纪律，热爱社会主义祖国和社会主义事业，具有为国家富强和人民富裕而艰苦奋斗的献身精神。"

1999 年，第三次全国教育工作会议提出，我们必须全面贯彻党的教育方针，坚持教育为社会主义为人民服务，坚持教育与社会实践相结合，以提高国民素质为根本宗旨，以培养学生的创新精神和实践能力为重点，努力造就"有理想、有道德、有文化、有纪律"的，德育、智育、体育、美育等全面发展的社会主义事业建设者和接班人。

2002 年 11 月，党的十六大报告指出：教育是发展科学技术和培养人才的基础，在现代化建设中具有先导性全局性作用，必须摆在优先发展的战略地位。全面贯彻党的教育方针，坚持教育为社会主义现代化建设服务，为人民服务，与生产劳动和社会实践相结合，培养德智体美全面发展的社会主义建设者和接班人。

2021 年 4 月，新修订的《中华人民共和国教育法》指出：教育必须为社会主义现代化建设服务、为人民服务，必须与生产劳动和社会实践相结合，培养德智体美劳全面发展的社会主义建设者和接班人。教育应当坚持立德树人，对受教育者加强社会主义核心价值观教育，增强受教育者的社会责任感、创新精神和实践能力。国家在受教育者中进行爱国主义、集体主义、中国特色社会主义的教育，进行理想、道德、纪律、法治、国防和民族团结的教育。教育活动必须符合国家和社会公共利益。

2021 年 4 月 19 日，在清华大学建校 110 周年校庆日即将来临之际，习近平总书记来到清华大学考察并发表重要讲话："一流大学建设要坚持党的领导，坚持马克思主义指导地位，全面贯彻党的教育方针，坚持社会主义办学方向，抓住历史机遇，紧扣时代脉搏，立足新发展阶段、贯彻新发展理念、服务构建新发展格局，把发展科技第一生产力、培养人才第一资源、增强创新第一动力更好结合起来，更好为改革开放和社会主义现代化建设服务。"

总之，中国共产党自成立之初，就旗帜鲜明地确立了教育为人民服务的发展方向，明确了社会主义人才培养的基本规格。因此，面向未来我国教育事业的发展方向，必然是坚持社会主义办学方向，为人民服务，为中国共产党治国理政服务，为巩固和发展中国特色社会主义制度服务，为改革开放和社会主义现代化建设服务。

### （二）加强党对教育事业的全面领导

坚持社会主义办学方向，必须加强党对教育工作的全面领导。"党政军民学，东西南北中，党是领导一切的"，这一要求必须实实在在地落实到办学的全过程，这是办好教育的根本保证。

党的领导是中国特色社会主义制度的最大优势，是实现教育健康发展的根本政治保证，直接关系教育事业的根本方向、前途命运、最终成败。教育为政治服务，作为中国共产党领导的教育事业，就应把培养一代又一代在社会主义现代化建设中可堪大用、能担重任的栋梁之才，确保党的事业和社会主义现代化强国建设后继有人作为建设教育强国的根本目的。

加强党对教育事业的全面领导，要实现领导内容的全面性、领导范围的全覆盖、领导体系的全方位。党对教育事业的全面领导要体现在办学治校各领域、教育教学各环节、人才培养各方面。一要加强党的政治领导，全面贯彻党的教育方针，在政治立场、政治方向、政治原则、政治道路上同党中央保持高度一致，坚定"四个自信"、增强"四个意识"、做到"两个维护"。二要加强党的思想领导，坚持用习近平新时代中国特色社会主义思想铸魂育人，认真落实意识形态工作责任制，牢牢掌握党对意识形态工作的领导权。三要加强党的组织领导，完善领导体制和组织体系。各级各类学校要把思想政治工作作为学校各项工作的生命线紧紧抓在手上，把抓好学校党建工作作为办学治校的基本功，充分发挥党员先锋模范作用和党支部的战斗堡垒作用。

## 三、坚持把立德树人作为根本任务

培养什么人、怎样培养人、为谁培养人是教育的根本问题，也是建设教育强国的核心课题。党的十八大以来，习近平总书记站在国家和民族的战略高度，多次对教育工作作出重要指示，继党的十八大报告首次将"立德树人"确立为教育的根本任务以来，党的十九大报告进一步指出，要"落实立德树人根本任务""培养德智体美劳全面发展的社会主义建设者和接班人"。党的二十大报告再次强调："教育是国之大计、党之大计。培养什么人、怎样培养人、为谁培养人是教育的根本问题。育人的根本在于立德。全面贯彻党的教育方针，落实立德树人根本任务，培养德智体美劳全面发展的社会主义建设者和接班人。"

🔗 相关链接

加强教育强国建设
全面提高人口素质

### （一）党的教育方针始终强调德育为先

培养什么人，是思考和谋划教育工作的逻辑起点，也是丝毫不能偏离的政治方向。青少年是价值观形成和塑造的关键时期，党的教育方针始终强调德育为先。人才培养是育人和育才相统一的过程，教育传授学生的不仅是知识，更重要的是价值观塑造、能力锻造、人格养成。教育无论发展到什么程度，第一位的是立德树人，引导学生树立正确的世界观、人生观、价值观，教会学生有能力、有责任、有爱心，全面发展、学有所长，培养出党和国家需要、对社会有用的人。因此，要把立德树人放在各级各类学校的中心位置，把立德树人的成效作为检验学校一切工作的根本标准。

### （二）坚持不懈用习近平新时代中国特色社会主义思想铸魂育人

坚持把立德树人作为根本任务，就必须坚持马克思主义指导地位。新时代，要坚持不懈推动习近平新时代中国特色社会主义思想进教材、进课堂、进头脑，将其融入学校教育科研与课堂教学，做到以树人为核心，以立德为根本，通过开展丰富多彩的教育和实践活动，让学生在润物无声中增强对习近平新时代中国特色社会主义思想的情感认同、理论认同和思

自2023年3月以来，西藏各级共青团组织共开展各类生态环保活动1681场，参加活动青年达2.8万人次，共种植适宜高原生长的杨树、沙棘、细叶红柳32万余株，清理垃圾350余吨、环保理念宣讲覆盖5.5万余人次。广大青年充分发挥在推进美丽西藏建设中的生力军和突击队作用，为建设美丽幸福西藏、共圆伟大复兴梦想贡献青春力量。图为青年组织开展植树造林活动

想认同。要着力加强社会主义核心价值观教育，引导学生树立坚定的理想信念，坚定中国特色社会主义道路自信、理论自信、制度自信、文化自信，形成正确的世界观、人生观、价值观，厚植爱国主义情怀，把爱国情、强国志、报国行自觉融入坚持和发展中国特色社会主义事业、建设社会主义现代化强国、实现中华民族伟大复兴的奋斗之中。

## （三）不断增强思政课的亲和力和针对性

立德树人是教育的根本任务，而思政课是落实立德树人根本任务的关键课程。我们旗帜鲜明办中国特色社会主义教育，坚持培养社会主义建设者和接班人的目标不动摇，就要理直气壮开好思政课，通过思政课给学生心灵埋下真善美的种子，引导学生扣好人生"第一粒扣子"。

其一，从学生身心特点和思想实际出发，扎实推进大中小学思想政治教育一体化建设，推进思政课程和课程思政同向同行，把思想政治教育"小课堂"与社会"大课堂"贯通起来。一方面，要强化顶层设计，遵循学生不同年龄段认知发展规律和教育教学规律，推进思政课开设和内容实现循序渐进、螺旋上升，提高学段之间的衔接性，促进思政课程与课程思政、课内教育与课外教育衔接，发挥马克思主义理论学科支撑作用，全方位提升思政课建设水平。另一方面，要以满足学生需要为基本原则，关照学生的实际需要。恩格斯曾深刻指出："马克思的整个世界观不是教义，而是方法。它提供的不是现成的教条，而是进一步研究的出发点和供这种研究使用的方法。"思政课不是照本宣科的读、灌输，而是要贴近学生的学习、生活和思想实际，聚焦并及时回答学生普遍关心关注的理论和现实问题，想学生之所想、解学生之所惑。

其二，提高思想政治教育的亲和力，提高思政课的到课率、抬头率、点头率。一方面，思政课是学生成长成才的"关键一课"，思政课教师的细心、耐心至关重要。思政课教师要拿出对学生的充分尊重和真挚情感，坚持平等交流、坦诚沟通，找准学生的"心结"，有针对性地把科学理论讲深讲透。另一方面，针对当下一些学校思政课教学刻板单一、亲和力不够的问题，应加大教学改革力度，使教学形式更接地气，比如可以多采用案例教学、互动教学、情景教学、网络教学、实践教学等方法，丰富课堂教学内容，改进教学方法、创新教学载体，将显性教育与隐性教育有机结合在一起，实现学生对专业知识与价值引领的知情意行合一。此外，思政课教师应努力提升授课水平和艺术，在授课风格、授课语言、授课形式上大胆探索创新，以人格魅力提升思政课亲和力、吸引力、感染力。既重视以理服人，也注重以情感人，让有意义的内容有意思，让有深度的理论有温度。

其三，持续深化思政课改革创新，提高思想政治教育的针对性。面对错综复杂的国内外形势，能不能在思政课课堂上有效传播主流意识形态，把大是大非问题理直气壮地讲清楚，事关学生对马克思主义的信仰、对中国特色社会主义的信念和对实现中华民族伟大复兴中国梦的信心。习近平总书记在《思政课是落实立德树人根本任务的关键课程》中指出，"无论组合拳怎么打，最终要落到把思政课讲得更有亲和力和感染力、更有针对性和实效性上来"，这一要求抓住了提升思政课教学质量的关键。要使学生充分认识到马克思主义是有效管用的，进而增强运用马克思主义立场、观点、方法分析和解决问题的自觉性，为思政课"入耳、入脑、入心、入行"打开通道。要提高网络育人能力，扎实做好互联网时代的学校思想政治工作和意识形态工作。

其四，坚持结合中华优秀传统文化来讲好思政课。比如，团结奋斗是中华民族的传统美德，是中国共产党和中国人民最显著的精神标识，深深融入并深刻影响着中国人的精神世界和日常行为。要坚持将中华优秀传统文化中蕴含的团结奋斗精神融入"思政课程＋课程思政"，构建中华优秀传统文化育人课程，打造实践育人品牌，从中华优秀传统文化中汲取团结奋斗的智慧和力量，在全面建设社会主义现代化国家新征程中勇毅前行。

## 四、坚持优先发展教育事业，全面深化教育领域综合改革

教育是民族振兴、社会进步的重要基石，是对中华民族伟大复兴具有决定性意义的事业。重视教育就是重视未来，重视教育才能赢得未来。

新中国成立后，尤其是改革开放以来，我国教育事业用短短几十年的时间就走过西方发达国家几百年的历程，基本实现了中华民族千百年来学有所教、有教无类的教育理想，教育发展总体水平明显提升，服务经济社会发展能力显著提高，国际影响力稳步增强，开辟出了一条中国特色的社会主义教育发展道路。党的十八大以来，以习近平同志为核心的党中央坚持把教育作为国之大计、党之大计，作出加快教育现代化、建设教育强国的

2023年职业教育活动周全国启动仪式暨全国职业院校技能大赛开幕式在山东潍坊举行。活动周以"技能：让生活更美好"为主题，其间举办"中国式现代化道路上的职教力量"主题展览。图为5月14日，在"中国式现代化道路上的职教力量"主题展览上，观展者体验威海职业学院展区的自动操舵仪

重大决策，推动新时代教育事业取得历史性成就。习近平总书记就教育发表一系列重要论述：在2018年全国教育大会上明确了"九个坚持"的顶层设计、思路原则和任务要求，引领教育改革向纵深推进，人才培养体制、现代学校制度、办学体制、管理体制等改革取得良好成效。党的十九届六中全会通过的《中共中央关于党的百年奋斗重大成就和历史经验的决议》中明确指出，"全面贯彻党的教育方针，优先发展教育事业"。党的二十大强调"加快建设教育强国"，并提出到2035年"建成教育强国"的目标。2023年5月29日，习近平总书记在中共中央政治局第五次集体学习时强调：教育兴则国家兴，教育强则国家强。建设教育强国，是全面建成社会主义现代化强国的战略先导，是实现高水平科技自立自强的重要支撑，是促进全体人民共同富裕的有效途径，是以中国式现代化全面推进中华民族伟大复兴的基础工程。这是对中国教育的规律性认识，是党领导教育事业必须长期坚持和不断丰富完善的基本遵循。

在充分肯定我国教育事业发展成就的同时，也要清醒地认识到，我们的教育还存在一些问题，如发展不平衡、不协调，学前教育、职业教育、继续教育仍是教育体系中的突出短板等，需要全面深化教育领域综合改革。教育领域综合改革是提高人才培养质量的根本动力，也是一项社会系统工程，不仅要破除制约教育事业发展的体制机制障碍、促进教育体系自身完善，还要采用系统思维和系统方法，全面把握教育领域的各种关系，统筹处理各种矛盾，科学谋划整体改革，寻找改革的"最大公约数"，汇聚全社会"正能量"，形成"正导向"，努力营造各部门、全社会支持改革、参与改革的良好氛围和良性互动局面。

## （一）加快建设高质量教育体系

学校的职责归根结底是教书育人，要推动办学治校坚守育人的本源，全面实施素质教育，深化教育领域综合改革，着力提高教育质量，培养学生社会责任感、创新精神、实践能力。

要坚持把高质量发展作为各级各类教育的生命线，加快建设高质量教育体系。要推进学前教育普及普惠安全优质发展，推动义务教育优质均衡发展和城乡一体化。基础教育既要夯实学生的知识基础，也要激发学生崇尚科学、探索未知的兴趣，培养其探索性、创新性思维品质。要把加快建设中国特色、世界一流的大学和优势学科作为重中之重，大力加强基础学科、新兴学科、交叉学科建设，瞄准世界科技前沿和国家重大战略需求推进科研创新，不断提升原始创新能力和人才培养质量。要健全学校家庭社会育人机制，更加重视儿童青少年的体育、美育、劳动教育、心理健康教育。要建设全民终身学习的学习型社会、学习型大国，促进人人皆学、处处能学、时时可学，不断提高国民受教育程度，全面提升人力资源开发水平，促进人的全面发展。

## （二）全面推进教育领域治理现代化

要把促进教育公平融入深化教育领域综合改革的各方面各环节，缩小教育的城乡、区域、校际、群体差距，努力让每个孩子都能享有公平且有质量的教育，更好满足群众对"上好学"的需要。要加强教材建设和管理，牢牢把握正确政治方向和价值导向，用心打造培根铸魂、启智增慧的精品教材，全面落实教材建设国家事权。要深化考试招生制度改革，完善自主招生、特才特招等选拔机制，更好发挥"指挥棒"作用。要发挥学校育人主阵地作用，持续优化教育教学秩序和综合育人环境，巩固拓展"双减"成果，防止反弹。要稳步推进民办义务教育治理，落实"公民同招"和免试就近入学，引导规范民办教育发展。要深化新时代教育评价改革，构建多元主体参与、符合中国实际、具有世界水平的教育评价体系。教育督导改革要重点完善常态化监测，强化结果运用和问责机制。

## （三）加强教师队伍建设

强教必先强师。没有高水平的教师，就谈不上高质量的教育。对于教师，习近平总书记强调"三要"：要成为大先生，要研究真问题，要坚定信念。新形势下，要把加强教师队伍建设作为建设教育强国最重要的基础工作来抓，健全中国特色教师教育体系，大力培养造就一支师德高尚、业务精湛、结构合理、充满活力的高素质专业化教师队伍。

要弘扬尊师重教社会风尚，提高教师政治地位、社会地位、职业地位，使教师成为最受社会尊重的职业之一，支持和吸引优秀人才热心从教、精心从教、长期从教、终身从教。

要加强师德师风建设，引导广大教师坚定理想信念、陶冶道德情操、涵养扎实学识、勤修仁爱之心，树立"躬耕教坛、强国有我"的志向和抱负，坚守三尺讲台，

🔗 相关链接

凝心铸师魂　做党和人民满意教育工作者

潜心教书育人，不断提高广大教师的思想政治素质和业务水平。

要推动政策、资源、投入进一步向教师倾斜，引导师范院校坚持"师范为本"、以培养教师为主业，支持高水平综合大学开展教师教育，保证教师队伍有充足的师资来源，加快补充思想政治、音体美等学科教师。深入推进义务教育学校教师"县管校聘"管理改革，加大对乡村教师的倾斜支持，完善城镇优秀教师、校长向乡村学校、薄弱学校交流轮岗的激励机制，扩大中小学中高级岗位比例，提高教龄津贴标准，吸引和激励更多优秀人才长期从教、终身从教。

### （四）推动教育数字化转型

2023年2月13日，世界数字教育大会在北京召开。其间，教育部与三大电信运营商举行战略合作协议续签仪式。根据协议，教育部与三大电信运营商将在智慧教育平台建设、教育数字化管理、师生数字素养与技能提升、教育评价改革等方面全面深化战略合作，三大电信运营商将充分发挥国家数字化建设主力军的作用，切实履行社会责任和使命担当，为教育高质量发展和教育现代化建设赋能助力。图为世界数字教育大会现场

教育数字化是我国开辟教育发展新赛道和塑造教育发展新优势的重要突破口。习近平总书记在党的二十大报告中明确提出推进教育数字化。教育数字化转型能够为个性化学习、终身学习、扩大优质教育资源覆盖面和教育现代化提供有效支撑，能够激发教与学新活力和新动能、赋能教学体系核心要素优化升级，培养适应时代发展和产业变革的数字化、智能化、创新型人才，助力提高人才自主培养质量。要通过顶层规划设计、教育理论研究、制度政策制定、标准规范出台、创新示范推广、公共资源开发等工作，构建智能教育环境、创新教学服务模式、重塑教育生态，促进国家教育数字化转型建设。

### （五）完善教育对外开放战略策略

完善教育对外开放战略策略，要坚持以开放促改革、促发展，加强国际教育交流合作，统筹做好"引进来"和"走出去"两篇大文章，拓展全方位、多层次、宽领域的教育对外开放格局，有效利用世界一流教育资源和创新要素，使我国成为具有强大影响力的世界重要教育中心。要积极参与全球教育治理，大力推进"留学中国"品牌建设，讲好中国故事、传播中国经验、发出中国声音，不断增强我国教育的国际影响力和竞争力。

**知 识 链 接**

中共中央、国务院印发的《中国教育现代化2035》提出了推进教育现代化的八大基本理念：更加注重以德为先，更加注重全面发展，更加注重面向人人，更加注重终身学习，更加注重因材施教，更加注重知行合一，更加注重融合发展，更加注重共建共享。明确了推进教育现代化的基本原则：坚持党的领导、坚持中国特色、坚持优先发展、坚持服务人民、坚持改革创新、坚持依法治教、坚持统筹推进。

总之，从教育大国到教育强国是一个系统性跃升和质变，必须以改革创新为动力。要坚持系统观念，统筹推进育人方式、办学模式、管理体制、保障机制改革，坚决破除一切制约教育高质量发展的思想观念束缚和体制机制弊端，全面提高教育治理体系和治理能力现代化水平。

# 五、坚持完善人才工作机制

教育、科技、人才是全面建设社会主义现代化国家的基础性、战略性支撑。必须坚持科技是第一生产力、人才是第一资源、创新是第一动力，深入实施科教兴国战略、人才强国战略、创新驱动发展战略，开辟发展新领域新赛道，不断塑造发展新动能新优势。要坚持教育优先发展、科技自立自强、人才引领驱动，加快建设教育强国、科技强国、人才强国。必须全面深化人才发展体制机制改革，既建立以创新价值、能力、贡献为导向的人才评价体系，发挥好人才评价"指挥棒"作用，又破除人才在体制内外、国内国际不同领域流动的障碍，畅通人才发展渠道和通道。加强创新人才自主培养，继续推动新时代人才工作取得历史性成就、发生历史性变革。

## （一）坚持党管人才基本原则

坚持党对人才工作的全面领导，是做好人才工作的根本保证。人才工作涉及党和国家事业的方方面面，需要充分发挥党的思想政治优势、组织优势和密切联系群众优势，发挥党委（党组）总揽全局、协调各方的领导核心作用。我们要提高政治判断力、政治领悟力、政治执行力，完善党管人才体制机制，把党的政治优势、组织优势转化为人才发展优势。要完善和落实人才工作目标责任制，把人才工作成效纳入各级领导班子推动高质量发展的政绩考核，以考核传导压力，以压力推动落实。要重视人才工作者队伍建设，配强人才工作力量，加大人才发展投入，提高人才投入效益。要进一步加强和改进党对人才工作的领导，健全党管人才领导体制和工作格局，创新党管人才方式方法，加强政治引领和政治吸纳，做好人才团结教育引导服务工作，为深化人才发展体制机制改革提供坚强的政治和组织保证。

## （二）加快建设高水平人才高地和吸引集聚人才的平台

在人才流动方面，要打破体制壁垒，扫除身份障碍，提高人才横向和纵向流动性。在人才激励方面，完善市场评价要素贡献并按贡献分配的机制。在人才引进方面，实行更积极、更开放、更有效的人才政策，不唯地域、不求所有、不拘一格，广开进贤之路、广纳天下英才。一是坚持重点布局、梯次推进。国内一线城市要找准定位、发挥优势、突出特色，努力建设成为高水平人才高地。其他一些高层次人才集中的中心城市要在人才投入、环境营造、政策创新等方面采取有力措施，着力建设吸引和集聚人才的平台。二是坚持试点先行、改革牵引。支持人才高地和人才平台建设城市开展人才发展体制机制综合改革试点，探索积累可复制可推广的经验。三是坚持实事求是、因地制宜。各地要深入调研、充分论证，对标"十四五"相关目标任务，综合考虑区域经济发展水平、人才队伍规模质量、科技创新能力和基础设施等因素，从实际出发推进高水平人才高地和人才平台建设。

相关链接
以科教育人才
以创新筑未来

## （三）注重对人才创新精神与能力培养

在人才培养方面，要重点聚焦专业人才，尤其是实施创新驱动发展战略急需的战略科学家、科技创新人才等，改进培养支持方式，注重创新能力培养。

第九届中国国际"互联网＋"大学生创新创业大赛"青年红色筑梦之旅"活动2023年6月9日在天津港启动。国家发展改革委、财政部、农业农村部等部门和单位有关负责同志，各地教育行政部门、天津市有关部门、天津大学有关负责同志，以及全国各地师生代表参加了启动仪式。图为活动现场

要坚持着眼长远，加大基础学科人才培养力度。高校特别是"双一流"建设大学要发挥主力军作用，突破常规、创新模式，建设一批基础学科培养基地，吸引最优秀的学生投身基础研究，加大重大原始创新人才培养力度。

要坚持面向实践，扎实推进卓越工程师培养工作。一方面，要发挥好考核评价的指挥棒作用，指导和推动高校加大工程类学生培养力度，探索实行高校和企业联合培养新工科人才的有效途径。另一方面，要支持、鼓励和引导企业把培养环节前移，采取定向委托培养、开设"订单式"特色班、共建联合培养平台等方式，着力解决工程技术人员培养与生产实践脱节的突出问题。

要着力提高青少年科学素养，探索大中小各学段有机衔接的拔尖创新人才培养模式，加快培养能够适应和引领未来发展的高素质创新型人才。

## （四）加快改革人才管理体制

要建立政府人才管理服务权力清单和责任清单，推动人才管理部门简政放权，消除对用人主体的过度干预。

要健全市场化、社会化的人才管理服务体系，积极培育各类专业社会组织和人才中介服务机构，有序承接政府转移的人才培养、评价、流动、激励等职能。

要根据人才不同类别，分别实行学术评价、市场评价和社会评价，解决好人才评价唯论文、唯职称、唯学历、唯奖项等问题，提高人才评价的针对性、科学性。

要赋予科学家更大技术路线决定权、经费支配权、资源调度权。同时，建立有效的自我约束和外部监督机制，确保下放的权限接得住、用得好，用不好授权、履责不到位的要问责。

总之，要在全社会树立科学的人才观、成才观、教育观，坚持完善人才工作机制，加快扭转教育功利化倾向，形成健康的教育环境和人才发展生态。

### 深刻认识建设教育强国的重大战略意义

教育是立国之本、强国之基。国家要强盛、民族要振兴，基础在教育，关键靠教育。习近平总书记在中共中央政治局第五次集体学习时强调："建设教育强国，是全面建成社会主义现代化强国的战略先导，是实现高水平科技自立自强的重要支撑，是促进全体人民共同富裕的有效途径，是以中国式现代化全面推进中华民族伟大复兴的基础工程。"我们要站在实现中华民族伟大复兴的战略全局高度，深刻认识建设教育强国的重大战略意义，加快建设高质量教育体系，大力推进教育现代化。

#### 全面建成社会主义现代化强国的战略先导

教育是人类文明的鲜明特征，是国家强盛的重要标志。新中国成立前，我国是一个文盲半文盲占人口绝大多数，文化、经济十分落后的半封建半殖民地国家。新中国成立之初，我国5亿多人口中，文盲达80%，农村的文盲率更高达95%以上。要把这样一个无论经济还是文化都十分落后的农业国改变成为一个现代化工业国，大办教育，尽快提高广大劳动者科学文化素质，是一个迫切需要解决的重大问题。为此，党中央向全国人民发出了向科学文化进军的伟大号召，并从军队率先做起，开展了全国规模的群众性文化教育运动。经过长期不懈的努力，我国从文盲半文盲大国到教育大国、迈向教育强国，全国人民的科学文化素质大幅跃升，为社会主义革命和建设奠定了雄厚的科学文化基础，提供了充裕的人力和人才资源。

党的十八大以来，我们党高度重视教育事业和教育工作，以高度的历史自觉和坚强的战略定力，坚持把教育作为国之大计、党之大计，作出加快教育现代化、建设教育强国的重大决策，推动新时代教育事业取得历史性成就、发生格局性变化。当前，我国已建成世界上规模最大的教育体系，教育现代化发展总体水平已跨入世界中上国家行列，教育强国指数已位居全球第 23 位，比2012 年上升 26 位。这些事实雄辩地证明，把建设教育强国作为全面建成社会主义现代化强国的战略先导，坚持走中国特色社会主义教育发展道路是完全正确的，充分体现了我们党对社会主义建设规律的深刻认识和科学把握。

### 实现高水平科技自立自强的重要支撑

面对世界百年未有之大变局的加速演进和国际环境的日益错综复杂，科技创新正在成为国际战略博弈的主要战场，围绕科技制高点的竞争空前激烈。习近平总书记强调，"当今世界的竞争说到底是人才竞争、教育竞争""我国要实现高水平科技自立自强，归根结底要靠高水平创新人才"。实现高水平科技自立自强，教育是最具基础性、战略性的重要支撑。党的十八大以来，以习近平同志为核心的党中央始终坚持科技是第一生产力、人才是第一资源、创新是第一动力，坚持教育优先发展、科技自立自强、人才引领驱动，整体谋划、总体部署、统筹推进教育强国、科技强国、人才强国，既突出了教育的优先地位和作用，又做到了教育强国、科技强国、人才强国的整体联动和协调推进。

坚持把教育的重点放在高科技创新拔尖人才的培养上。培养什么人、怎样培养人、为谁培养人是教育的根本问题，也是建设教育强国的核心问题。党的十八大以来，我们党始终把培养德智体美劳全面发展的社会主义建设者和接班人作为教育的根本任务。前进道路上，我们要进一步加强科学教育、工程教育，加强拔尖创新人才自主培养，为解决我国关键核心技术攻关提供人才支撑；系统分析我国各方面人才发展趋势及缺口状况，根据科学技术发展态势，聚焦国家重大战略需求，动态调整优化高等教育学科设置，有的放矢培养国家战略人才和急需紧缺人才，提升教育对高质量发展的支撑力、贡献力；统筹职业教育、高等教育、继续教育协同创新，推进职普融通、产教融合、科教融汇，源源不断培养高素质技术技能人才、大国工匠、能工巧匠。努力引导各级优秀创新人才以实现我国高水平科技自立自强为奋斗目标，聚精会神搞创新，一心一意谋突破，大力营造高科技领域支持创造鼓励创新的良好氛围，最大程度地发挥建设教育强国对实现高水平科技自立自强的重要支撑作用。

## 促进全体人民共同富裕的有效途径

教育是提高人民综合素质、促进人的全面发展的重要途径，具有安民富民的功能与价值。我们要深刻认识和精准把握建设教育强国在促进全体人民共同富裕中的重要作用，努力发展全民教育、终身教育，建设学习型社会，使教育同人民群众期待更加契合，在更高水平上满足人民群众对教育的需求。党的十八大以来，习近平总书记高度重视教育扶贫工作，作出了一系列重要论述和指示，并亲自指导、部署、检查教育扶贫脱贫工作。他强调指出，"再苦不能苦孩子，再穷不能穷教育""要把发展教育扶贫作为治本之计，确保贫困人口子女都能接受良好的基础教育，具备就业创业能力，切断贫困代际传递""把贫困地区孩子培养出来，这才是根本的扶贫之策""扶贫必扶智"。实践证明，教育是阻断贫困代际传递的重要手段，贯彻建设教育强国战略是促进全体人民共同富裕的善治良策。

发挥建设教育强国对实现全体人民共同富裕的积极促进作用，主要体现在两个方面。一个方面是"富口袋"。即通过接受良好教育，广大人民群众不断增加科学文化知识，增强生产劳动技能，提高脱贫致富本领，通过合法、诚实、勤勉的创造性劳动和创新性生产，实现物质经济生活的更加殷实富足。另一个方面是"富脑袋"。即通过良好教育，真正做到以教润心、以教化人、以教启智，使广大人民群众树立崇高理想，坚定正确信念，培养高尚道德，使其精神世界更加充实富有。"富脑袋"主要是看精气神，"富口袋"主要是看吃穿用。"富脑袋"是靠教育直接作用于人的精神世界，通过心灵的净化，进而实现思想的升华。"富口袋"是靠教育首先作用于提升人的致富能力，找到致富门路，进而在创造物质财富中实现丰衣足食。

## 以中国式现代化全面推进中华民族伟大复兴的基础工程

中国要实现社会主义现代化，中华民族要实现伟大复兴，归根到底靠人才、靠教育，任何时候任何情况下都离不开建设教育强国这项基础性工程。必须把教育事业放在优先位置，深化教育改革，加快教育现代化，办好人民满意的教育。全面建成社会主义现代化强国是一个综合复杂的系统工程，它涵盖了经济、政治、科技、文化、军事、体育、教育、人才等各领域。回顾改革开放以来的伟大历程，我们国家日益繁荣昌盛、经济持续健康发展、人民生活快速改善提升，都要依靠教育的大发展为现代化建设提供充裕的人才保障和强大的智力支持，无一不体现出科技是关键、人才是根本、基础在教育的基本逻辑。所以，以中国式现代化全面推进中华民族伟大复兴，加快教育现代化、建设教育强国是关键中的关键，根本中的根本，基础中的基础。

习近平总书记强调，我们要建设的教育强国，是中国特色社会主义教育强国，必须以坚持党对教育事业的全面领导为根本保证，以立德树人为根本任务，以为党育人、为国育才为根本目标，以服务中华民族伟大复兴为重要使命。建设教育强国，落实好立德树人的根本任务，培养一代又一代在社会主义现代化建设中可堪大用、能担重任的栋梁之才，是把中华民族伟大复兴事业不断推向前进的重要保障。我们要坚持不懈用习近平新时代中国特色社会主义思想铸魂育人，着力加强社会主义核心价值观教育，进一步增强民族凝聚力、巩固全党全国人民团结奋斗的共同思想基础，引导人民群众坚定理想信念，永远听党话、跟党走，确保党的事业和社会主义现代化强国建设后继有人。我们必须以高度的历史自觉和历史主动，积极投身教育强国实践，坚定信心、久久为功，为早日实现教育强国目标而共同努力。

（资料来源：《解放军报》2023 年 6 月 21 日）

**阅读推荐**

1. 《习近平谈治国理政》第三卷，外文出版社 2020 年版。

2. 王立高：《优秀传统文化融入青少年思想政治教育研究——以壮族文化为个案》，中国社会科学出版社 2022 年版。

3. 吴江：《人才强国》，人民日报出版社 2023 年版。

**思考题**

1. 怎样理解人才工作的重要性？

2. 如何理解"培养什么人、怎样培养人、为谁培养人是教育的根本问题"？

3. 新时代新征程，如何更好地为党育人、为国育才？

专题五

坚定文化自信，努力建设中华民族现代文明

一个国家、一个民族的强盛，总是以文化兴盛为支撑的，中华民族伟大复兴需要以中华文化发展繁荣为条件。数千年来，中华民族走着一条不同于其他国家和民族的文明发展道路，以博大精深的中华优秀传统文化滋养着中华民族永续发展，让一个来自欧洲的思想在万里之遥的中国开花结果，推动中华民族迎来了从站起来、富起来到强起来的伟大飞跃，实现中华民族伟大复兴进入了不可逆转的历史进程。今日中国，之所以能以雄伟身姿屹立于世界东方，离不开文化的有力支撑；面向未来，继续推动文化繁荣、建设文化强国、建设中华民族现代文明，是我们在新时代新的文化使命。

文化兴国运兴，文化强民族强。2023年6月2日，习近平总书记出席文化传承发展座谈会并发表重要讲话。习近平总书记的重要讲话从党和国家事业发展全局战略高度，对中华文化传承发展的一系列重大理论和现实问题作了全面系统深入阐述，具有很强的政治性、思想性、战略性、指导性。我们应以习近平总书记重要讲话精神为指导，不断深化对文化建设的规律性认识，更好担负起新的文化使命，扎实推进中华民族现代文明和社会主义文化强国建设。

# 一、建设中华民族现代文明的行动指南

文化关乎国本、国运。习近平总书记在文化传承发展座谈会上的重要讲话，聚焦推进中国特色社会主义文化建设、建设中华民族现代文明这个重大问题，进行了全方位、深层次阐述，提出了一系列新思想新观点新论断，发出了担负起新的文化使命、努力建设中华民族现代文明的时代最强音。这在中华文明发展史、马克思主义文化理论发展史上都具有里程碑意义，为我们在新的起点上继续推动文化繁荣、建设文化强国、建设中华民族现代文明提供了行动指南。

## （一）闪耀着马克思主义真理光芒、充盈着中华文化独特气韵的光辉文献

习近平总书记在文化传承发展座谈会上的重要讲话，站在中华民族伟大复兴和中华文明永续传承的战略高度，贯通历史、现实和未来，融通中国与世界，深刻把握历史发展逻辑和文化建设规律，系统回答了有关文化传承发展的一系列重大理论和现实问题，具有很强的政治性、思想性、战略性、指导性，是一篇闪耀着马克思主义真理光芒、充盈着中华文化独特气韵的光辉文献。

习近平总书记的重要讲话凝练概括了中华文明的突出特性，深刻阐明了"两个结合"特别是"第二个结合"的重大意义，鲜明提出了更好担负起新的文化使命的重要要求，对建设中华民族现代文明进行了战略部署，是新时代党领导文化建设实践经验的理论总结，是我们党强烈文化担当和高度文化自信的集中体现，是推进文化传承发展和繁荣兴盛的根本指针，是建设中华民族现代文明和社会主义文化强国的行动指南。

习近平总书记的重要讲话充分体现了对中华文明和中国历史文化的科学认识和深厚情感，充分彰显了中国共产党人的历史自觉和文化自信，凝结着马克思主义的真理力量，蕴含着深厚的思想智慧、丰富的理论内涵和重大的方向指引，充分表明我们党对中华文明发展规律的认识和把握达到了新的高度，为推

进文化理论创新、深化历史文化研究、建设中华民族现代文明提供了根本遵循。

### （二）深刻把握中华文明的突出特性，夯实中华民族现代文明的历史基础

习近平总书记指出："只有全面深入了解中华文明的历史，才能更有效地推动中华优秀传统文化创造性转化、创新性发展，更有力地推进中国特色社会主义文化建设，建设中华民族现代文明。"这为我们深入把握中华文明的历史根脉，在新的历史起点上续写中华文明新的篇章提供了重要遵循。

中国文化源远流长，中华文明博大精深。我国具有百万年的人类史、一万年的文化史、五千多年的文明史。中华文明是世界上唯一绵延不断并以国家形态发展至今的伟大文明，中华优秀传统文化是中华民族生生不息、长盛不衰的文化基因，也是我们在世界文化激荡中站稳脚跟的根基。习近平总书记以科学缜密的历史思维和宏阔深邃的世界眼光，从中华优秀传统文化的内在机理和重要元素中，全面系统深刻揭示出中华文明具有突出的连续性、突出的创新性、突出的统一性、突出的包容性、突出的和平性。

在良渚城址以北靠近丘陵的地带，修建有由多条水坝组成的规模庞大、结构完整的水利系统，这是中国迄今发现的最早的大型水利工程、世界最早拦洪水坝系统。这充分表明，位于良渚社会顶层的阶层拥有了高度的规划能力和社会动员能力。图为良渚古城外围大型水利工程的调查发掘现场

连续性从根本上决定了中华民族必然走自己的路。如果不从源远流长的历史连续性来认识中国，就不可能理解古代中国，也不可能理解现代中国，更不可能理解未来中国。创新性从根本上决定了中华民族守正不守旧、尊古不复古的进取精神，决定了中华民族不惧新挑战、勇于接受新事物的无畏品格。统一性从根本上决定了中华民族各民族文化融为一体、即使遭遇重大挫折也牢固凝聚，决定了国土不可分、国家不可乱、民族不可散、文明不可断的共同信念，决定了国家统一永远是中国核心利益的核心，决定了一个坚强统一的国家是各族人民的命运所系。包容性从根本上决定了中华民族交往交流交融的历史取向，决定了中国各宗教信仰多元并存的和谐格局，决定了中华文化对世界文明兼收并蓄的开放胸怀。和平性从根本上决定了中国始终是世界和平的建设者、全球发展的贡献者、国际秩序的维护者，决定了中国不断追求文明交流互鉴而不搞

文化霸权，决定了中国不会把自己的价值观念与政治体制强加于人，决定了中国坚持合作、不搞对抗，决不搞"党同伐异"的小圈子。这五个突出特性是对中国历史的深刻总结，科学揭示了中华文明深厚的历史底蕴，深刻阐明了中华民族的文化基因所在、精神命脉所系、价值追求所向，是我们理解中华文明的指路明灯。

中华文明的突出特性，决定我们独特的发展道路和历史命运。习近平总书记指出："如果没有中华五千年文明，哪里有什么中国特色？如果不是中国特色，哪有我们今天这么成功的中国特色社会主义道路？"只有全面深入了解中华五千多年文明史，深刻把握中华文明突出的连续性、创新性、统一性、包容性、和平性，才能真正理解中国道路的历史必然性、文化内涵与独特优势，才能更有效地推动中华优秀传统文化创造性转化、创新性发展，更有力地推进中国特色社会主义文化建设，建设中华民族现代文明。

不忘本来，才能开辟未来。我们要全面客观地认识中华优秀传统文化，就要正确认识中国共产党人精神谱系与中华优秀传统文化之间的内在联系。要把红色文化与中华优秀传统文化更加有机地结合起来、融合起来，在传承中华优秀传统文化中更好地赓续红色血脉。要坚持面向未来，坚持以科学态度对待传统文化，不割裂历史、不僵化保守，始终走在时代进步的最前沿，立破并举，在延续历史中开创未来。

## （三）深刻理解"两个结合"的重大意义，牢牢把握建设中华民族现代文明的根本遵循

旗帜决定方向，道路决定命运。中国特色社会主义是科学社会主义理论逻辑和中国社会发展历史逻辑的辩证统一，植根于中国大地和中华文化沃土、反映中国人民意愿、适应中国和时代发展进步要求。习近平总书记指出："在五千多年中华文明深厚基础上开辟和发展中国特色社会主义，把马克思主义基本原理同中国具体实际、同中华优秀传统文化相结合是必由之路。这是我们在探索中国特色社会主义道路中得出的规律性的认识，是我们取得成功的最大法宝。"中国共产党人用马克思主义真理的力量激活了中华民族历经几千年创造的伟大文明，使中华文明再次迸发出强大精神力量。"两个结合"揭示了建设中华民族现代文明的源头活水，指明了建设中华民族现代文明的前进方向。

中国特色社会主义植根于中华文化沃土，深受中华优秀传统文化的滋养，中华优秀传统文化是我们党创新理论的"根"。习近平总书记系统阐述了"两个结合"的丰富内涵和重大意义，指出："马克思主义和中华优秀传统文化来源不同，但彼此存在高度的契合性。""结合"的前提是彼此契合，相互契合才能有

机结合。中国共产党人既是马克思主义的坚定信仰者和践行者，又是中华优秀传统文化的忠实继承者和弘扬者，对马克思主义和中华优秀传统文化的高度契合性有着深刻体认。"结合"的结果是互相成就，造就了一个有机统一的新的文化生命体，让马克思主义成为中国的，中华优秀传统文化成为现代的，让经由"结合"而形成的新文化成为中国式现代化的文化形态。"结合"筑牢了道路根基，让中国特色社会主义道路有了更加宏阔深远的历史纵深，拓展了中国特色社会主义道路的文化根基。中国式现代化赋予中华文明以现代力量，中华文明赋予中国式现代化以深厚底蕴。"结合"打开了创新空间，让我们掌握了思想和文化主动，并有力地作用于道路、理论和制度。更重要的是，"第二个结合"是又一次的思想解放，让我们能够在更广阔的文化空间中，充分运用中华优秀传统文化的宝贵资源，探索面向未来的理论和制度创新。

2022 年 10 月 28 日，习近平总书记在河南安阳殷墟遗址考察时指出，中华优秀传统文化是我们党创新理论的"根"，我们推进马克思主义中国化时代化的根本途径是"两个结合"。图为游客在河南安阳殷墟博物馆观看展出的卜甲

习近平总书记关于"两个结合"特别是"第二个结合"的深刻阐述，进一步巩固了我们的文化主体性，增强了我们建设中华民族现代文明的坚定性和自觉性。文化自信来自文化主体性。有了文化主体性，就有了文化意义上坚定的自我，中国共产党就有了引领时代的强大文化力量，中华民族和中国人民就有了国家认同的坚实文化基础。习近平新时代中国特色社会主义思想实现了马克思主义中国化时代化新的飞跃，是中华文化和中国精神的时代精华，是"两个结合"的光辉典范，是党和人民奋进新征程的行动指南，也是创造属于我们这个时代的新文化的根本遵循。建设中华民族现代文明，最根本、最重要的就是坚持以习近平新时代中国特色社会主义思想为指导，沿着习近平总书记指引的文化方向，推动文化繁荣、建设文化强国。

## 二、坚定文化自信，更好担负起新的文化使命

更好担负起新的文化使命，就要坚定文化自信。习近平总书记强调："我们要坚定文化自信，增强做中国人的自信心和自豪感。"当今世界，要说哪个政

党、哪个国家、哪个民族能够自信的话，那中国共产党、中华人民共和国、中华民族是最有理由自信的。站立在960多万平方公里的广袤土地上，吸吮着中华民族漫长奋斗积累的文化养分，拥有14亿多中国人民聚合的磅礴之力，我们坚持走自己的路，具有无比广阔的舞台，具有无比深厚的历史底蕴，具有无比强大的前进定力。新征程上，要坚定文化自信，坚持中国特色社会主义文化发展道路，立足中华民族伟大历史实践和当代实践，用中国道理总结好中国经验，把中国经验提升为中国理论，实现精神上的独立自主，为民族复兴立根铸魂，不断增强实现中华民族伟大复兴的精神力量。

### （一）坚定文化自信，守护好中华民族现代文明的根本

灿烂悠久的中华优秀传统文化，是中华民族的精神血脉之所在，是中华民族现代文明的根本之所存。滥觞于远古歌舞祭祀，肇源于夏商周礼周易，奠基于先秦诸子学说，丰富于楚辞汉赋，兴盛于唐诗宋词，繁华于元明清市井话本戏曲小说。中华民族创造了中华文明，中华文明呵护着中华民族，五千年赓续传承，历经磨难，历久弥新。

唐代画家阎立本创作的《步辇图》卷，描绘了唐太宗李世民在宫内接见松赞干布派来的吐蕃使臣禄东赞的情景，展现了古代汉、藏民族的友好交往。图为《步辇图》卷（局部）

文化是凝结在生产方式和生活方式里的价值观念，为百姓日用而不觉。文明是判断社会历史文化发展水平和品质的价值标准，具有相对的稳定性与传承性。中华文明更有其突出的连续性、创新性、统一性、包容性、和平性特征，从根本上决定了中华民族必然走中国式现代化发展道路。相对于西方游牧和航海带来的不断迁徙，中华民族选择定居农耕的生产生活方式，崇尚集体，安土重迁，讲信修睦，守望相助，共存共荣。在世世代代生活的黄土地上，中华儿女自强不息，厚德载物，正是源于深厚的中华文化根基。建设中华民族现代文明，必须深深扎根在中华优秀传统文化的土壤里。只有根深，才能树壮，才能枝繁叶茂。

### （二）坚定文化自信，凝聚好中华民族现代文明的心魂

"一个民族、一个国家，必须知道自己是谁，是从哪里来的，要到哪里去，想明白了、想对了，就要坚定不移朝着目标前进。"2014年5月，习近平总书

记在同北京大学师生座谈中提出的文化命题，就是要坚定文化自信，在现代化历史进程中立足脚下、胸怀天下、正视当下，做堂堂正正的中国人；凝心聚力、培根铸魂、奋发有为，以青春之我，创造现代化之中国。

**相关链接**
汇聚同心奋进的深沉力量

只有坚定文化自信，才能凝聚起亿万中华儿女的精神气魄，在新时代新征程踔厉奋发、勇毅前行。近代社会以来，我们经历了国家蒙辱、人民蒙难、文明蒙尘的半封建半殖民地历史，无数仁人志士用前赴后继、英勇抗争的实际行动，捍卫着文化自信，铸造着中华民族现代文明的心魂。新文化运动先驱者引进社会进化论，接受并采用公元纪年，推动中华民族融入现代世界格局。早期共产党人引入、传播马克思主义，把中国问题放置在世界格局中思考出路，并最终选择了以工人阶级为领导、联合工农大众的革命道路，从而开辟了中国革命的新天地。在领导中国人民站起来、富起来、强起来的历史进程中，中国共产党始终高度重视文化自信，推动中华优秀传统文化的"双创"发展，大力弘扬革命文化，发展社会主义先进文化，不断满足人民日益增长的精神文化需求。

**知识链接**

我国古代常用的四种纪年法：

王公即位年次纪年法：以王公在位年数来纪年。如《廉颇蔺相如列传》中的"赵惠文王十六年，廉颇为赵将"。

年号纪年法：汉武帝起开始有年号。此后每个皇帝即位都要改元，并以年号纪年。如《岳阳楼记》中的"庆历四年春"。

干支纪年法：干支是天干和地支的总称，把干支顺序相配，正好六十为一周期，周而复始，循环记录。如《〈黄花岗七十二烈士事略〉序》中的"死事之惨，以辛亥三月二十九日围攻两广督署之役为最"。

年号干支兼用法：纪年时皇帝年号置前，干支列后。如《核舟记》中的"天启壬戌秋日"，"天启"是明熹宗朱由校年号，"壬戌"是干支纪年。

当代中国，江山壮丽，人民豪迈，前程远大。吸吮着五千多年中华民族漫长奋斗积累的文化养分，我们坚持走自己的路，具有无比广阔的时代舞台，具有无比深厚的历史底蕴，具有无比强大的前进动力。我们要坚定文化自信、秉持开放包容、坚持守正创新，以只争朝夕、奋发有为的奋斗姿态更好担负起新的文化使命。

## 三、坚守人民立场，在文化传承中建设中华民族现代文明

### （一）人民是推进文化自信自强的主体，是建设中华民族现代文明最根本的力量

人民是创造中华文明的主体力量，在艰难曲折、艰苦拼搏和求新益新的历史长河中不断推进中华优秀传统文化的创造性转化和创新性发展。无论是千年的文明赓续，还是近代百年来的艰苦拼搏，都已经深刻证明，中国人向来都把对文化的自觉自立自信当作民族持存与发展的核心要务。中国共产党自成立以来，始终坚持以人民立场传承和坚守中华文明，在推进民族复兴的伟大实践中不断确证和尊重人民群众的文化主体地位，始终坚持文化发展以人民为中心、为人民服务。习近平总书记指出，要"满足人民日益增长的精神文化需求，巩固全党全国各族人民团结奋斗的共同思想基础，不断提升国家文化软实力和中华文化影响力"。坚定文化自信自强的一个重要方面就在于实现人民对中华文明的全面认知，强化人民群众对文化生命力、文化感召力与文化影响力的高度认同。

#### 1. 人民是积极有为的文化创造者

回首中华民族千年发展史，无论是博大精深的中华文化，还是历久弥新的民族精神，人民是文化发展舞台的"剧中人"，也是"剧作者"。回眸党的百年奋斗史，无论是构建以伟大建党精神为源头的中国共产党人精神谱系，还是对中华优秀传统文化的创造性转化、创新性发展，党始终依靠人民、团结人民、引领人民。

#### 2. 人民是历史性与空间性相统一的文化实践者

文化的表达、传承、发展，都需要在人的现实生活和具体实践中反映。从文化的历史维度来看，每个生活在当今时代的中国人，都是滋养于中华历史根脉、浸润于传统文化气韵、传承于民族精神禀赋之中的中华民族的一分子，都是文化历史基因的"活"的载体，文化自信自强是广大人民对中华文明承继与创造的自豪，也是对中华传统价值体系的坚守。从文化的空间维度来看，人民坚定文化自信自强，不仅表现为对自身文化的传承与发扬，更是对世界一切优秀文化成果海纳百川的包容与接纳；既是在对外来文化的吸收借鉴中博采众长、融通生成，又是在培根固本、抱诚守真中不忘初心、守正创新。

#### 3. 人民是文化建设和发展的最终享有者

文化为人民所创造、在人民的现实实践中生成发展，因此，人民理所当然

是文化的享有者、裁量者。人民高兴不高兴、满意不满意、答应不答应是衡量文化建设发展质量的最终标准。近年来，一大批深受人民喜爱的文化产品火爆"出圈"、广受好评，"红色旅游热""考古热""非遗热"百花齐放，"国风""国潮"万紫千红，原本安静躺在博物馆里的文物、散落在广袤大地上的民间艺术、绘制在古书典籍里的诗词画卷利用新的科技、新的表达形式再度焕发出逸态横生、浓姿百出的鲜活魅力，人民切实感受到了高质量文化产品所带来的生动力量。守正开新，气象万千。在推进文化强国建设新征程上，我们要更加关注人民精神文化需求高品质、个性化的新特点，以不断满足人民群众多样化、多层次、多方面的精神文化需求促进人民对中华民族现代文明发自内心的深度认同和自信。

图为围绕传世名作《千里江山图》创排的舞蹈诗剧《只此青绿》亮相2022年中央广播电视总台春节联欢晚会

人无精神则不立，国无精神则不强。人民的精神面貌是否积极、文化情感是否充盈、文化信念是否坚定是评判文化自信是否深入的关键所在。在全面建设社会主义现代化强国的新起点上，继续推动文化繁荣、建设文化强国、建设中华民族现代文明，需要将国家、民族与社会的现实追求升华为人民对文化的自信自强。从内到外发挥精神信念与思想意识相联结的文化合力，让人民在高度的文化自觉、坚定的文化自信与文化自强中肩负起新时代新的文化使命，以自信果敢、自强不息、奋发有为的精神风貌将理想信仰之光、科技创新之魂、富民强国之梦共同汇聚为追求中华民族伟大复兴的精神之力。

## （二）在文化传承中建设中华民族现代文明

习近平总书记在文化传承发展座谈会上的重要讲话中强调，在新的历史起点上继续推动文化繁荣、建设文化强国、建设中华民族现代文明，要坚定文化自信，坚持走自己的路，实现精神上的独立自主。这是习近平总书记为新时代文化传承与创新指明的新方向，为文化发展与繁荣提出的新要求。

**1. 建设中华民族现代文明，必须坚持以问题为导向，把中国经验提升为中国理论**

这是实现文化创新与发展创新的根本路径。理论是对时代任务和问题的"解"和"答"。一种理论之所以能够被称为真正的创新的理论，就在于它回答了时代的问题，完成了时代的任务。不同时代的理论体系之所以有万千形态，就是因为不同时代面临着不同的问题和任务，因而对这些问题和任务的回答也就不同。文化创新的关键就在于它是否提供了解决时代问题、完成时代任务的方案，就在于它是否从事中见理、器中见道，从特殊中发现普遍，从个别中提升出一般，从中国问题和中国实践中概括出中国理论，再用中国理论指导中国实践。用孔子的话说就是是否做到了"下学而上达"。

生活和实践是一切认识的来源。任何观念和思想都不可能成为理论产生和发展的最终原因和源头。我们不能幻想从某一文化观念和文化形态出发来建构与发展中华民族现代文明。相反，我们应该从社会的物质生活实践出发，从正在进行着的中国特色社会主义实践出发，来思考和研究时代提出的客观要求，思考和回答时代提出的问题和任务。当代中国文化的主要内容，只能来自我们正在进行着的中国特色社会主义实践。

因此，当代中国的文化创新与发展，必须立足中华民族伟大历史实践和当代实践，用中国道理总结好中国经验。坚持以问题为导向，聆听时代的声音，回应时代的呼唤，认真研究解决党和国家面临的重大而紧迫的问题，认真研究中国共产党执政规律，认真研究中国社会主义建设规律，认真研究人类社会发展规律，努力揭示我国社会发展、人类社会发展的规律，为世界发展提供中国智慧和中国方案。

**2. 建设中华民族现代文明，必须坚持以马克思主义为指导，建设以人民为中心的中国特色社会主义文化，实现精神上的独立自主**

"坚持以马克思主义为指导，是当代中国哲学社会科学区别于其他哲学社会科学的根本标志。"马克思主义是一门研究如何实现无产阶级和全人类解放的科学，研究如何实现每一个人的自由全面发展的科学。简言之，就是一门研究如何实现人民对美好生活的向往、人民过上好日子的学问。因此，坚持用马克思主义指导当代中国文化发展，实际上就是坚持以人民为中心，坚定站在最广大人民的立场上，紧紧围绕最广大人民的根本利益，建设和发展中国特色社会主义文化。

"马克思主义是我们立党立国、兴党兴国的根本指导思想。"中国共产党和全体中国人民立党立国依靠的是马克思主义，兴党兴国依靠的也是马克思主义。习近平总书记指出，"没有马克思主义信仰、共产主义理想，就没有中国共产党，就没有中国特色社会主义"，"马克思主义政党一旦放弃马克思主义信仰、社会主义和共产主义信念，就会土崩瓦解"。同样，没有马克思主义，就没有社会主义新中国。党的十九届四中全会通过的《中共中央关于坚持和完善中国特色社会主义制度、推进国家治理体系和治理能力现代化若干重大问题的决定》明确提出"坚持马克思主义在意识形态领域指导地位的根本制度"，为我们坚持用马克思主义指导当代中国文化发展提供了根本遵循。

坚持马克思主义指导，紧紧围绕最广大人民的利益，建设和发展好当代中国文化，是由我国社会的基本性质决定的。"统治阶级的思想在每一时代都是占统治地位的思想。这就是说，一个阶级是社会上占统治地位的物质力量，同时也是社会上占统治地位的精神力量。"观念形态的文化属于上层建筑的范畴，任何上层建筑都是经济基础的反映，并且归根到底都服务于经济基础。无论哪一个国家、哪一种社会制度，也无论古今中外，概莫能外。统治阶级是剥削者时，这种文化就要表达剥削者的愿望；统治阶级是劳动者时，这种文化就要表达劳动者的愿望。任何一个国家和民族，如果没有了反映和维护其经济基础的主导文化，该国家的存在就难以维系和持续。因此，坚定不移地坚持马克思主义指导地位，旗帜鲜明地用习近平新时代中国特色社会主义思想引领当代中国文化发展，是由我国社会主义的根本性质和广大人民群众的切身利益决定的。

**3. 建设中华民族现代文明，必须坚守中华文化立场，坚持以中国文化为载体，坚持古为今用，建设中国特色社会主义文化**

党的十九大和党的二十大明确提出了坚守中华文化立场的问题。"发展中国特色社会主义文化，就是以马克思主义为指导，坚守中华文化立场，立足当代中国现实，结合当今时代条件，发展面向现代化、面向世界、面向未来的，民族的科学的大众的社会主义文化"，"坚守中华文化立场，提炼展示中华文明的精神标识和文化精髓，加快构建中国话语和中国叙事体系，讲好中国故事、传播好中国声音，展现可信、可爱、可敬的中国形象"。

不忘本来才能开辟未来，善于继承才能更好创新。习近平总书记指出，"如果没有中华五千年文明，哪里有什么中国特色？如果不是中国特色，哪有我们今天这么成功的中国特色社会主义道路"，"绵延几千年的中华文化，是中国特色哲学社会科学成长发展的深厚基础"，"优秀传统文化是一个国家、一个民族传承和发展的根本，如果丢掉了，就割断了精神命脉"。中华优秀传统文化是中华民族的"根"和"魂"，是国家和民族传承与发展的根本。

发展当代中国哲学社会科学，必须坚守中华文化立场，把当代中国文化放到整个中华文化和文明发展的长河中去考量，让当代中国文化融入整个中华文化和文明发展的大系中。马克思主义如果不与中华优秀传统文化相结合，它就只是一种外在于我们的文化，就是无根的文化，就不可能在中华大地生根、开花和结果；中华优秀传统文化如果不与马克思主义相结合，不与新时代的中国特色社会主义实践相结合，它依然还是古代的文化，就不可能成为反映、维护和代表广大人民群众利益的社会主义新文化。

坚守中华文化立场，就是要在五千多年中华文明深厚基础上开辟和发展中国特色社会主义，把马克思主义基本原理同中国具体实际、同中华优秀传统文化相结合。习近平总书记指出，马克思主义同中华优秀传统文化相结合的"结果是互相成就，造就了一个有机统一的新的文化生命体，让马克思主义成为中国的，中华优秀传统文化成为现代的，让经由'结合'而形成的新文化成为中国式现代化的文化形态"。

**4.建设中华民族现代文明，必须坚持洋为中用，积极吸收外来文化的有益成果，促进外来文化本土化，不断培育和创造新时代中国特色社会主义文化**

创新和发展当代中国文化，要秉持开放包容，坚持马克思主义中国化时代化，传承发展中华优秀传统文化，促进外来文化本土化，不断培育和创造新时代中国特色社会主义文化。

见"习"日记

自信开放，就是雍容大度、开放包容，坚持中国特色社会主义道路自信、理论自信、制度自信、文化自信，以创造性转化、创新性发展传递深厚文化底蕴，以大道至简彰显悠久文明理念，以热情好客展现中国人民的真诚友善，以文明交流促进世界各国人民相互理解和友谊。

——2022年4月8日，习近平总书记在北京冬奥会、冬残奥会总结表彰大会上的讲话

　　对于外来文化，我们既要反对盲目排外，同时，还要反对不加分析地盲目崇拜和全盘吸收。列宁说："无产阶级文化应当是人类在资本主义社会、地主社会和官僚社会压迫下创造出来的全部知识合乎规律的发展。"毛泽东说，"对于外国文化，排外主义的方针是错误的，应当尽量吸收进步的外国文化，以为发展中国新文化的借镜；盲目搬用的方针也是错误的，应当以中国人民的实际需要为基础，批判地吸收外国文化"，"中国应该大量吸收外国的进步文化，作为自己文化食粮的原料，这种工作过去还做得很不够"。对于外来文化，我们一方面要看到"他山之石，可以攻玉"，另一方面还要看到"橘生淮南则为橘，生于淮北则为枳"。当代中国文化的发展，不能离开人类文明的共同成果。要坚持以我为主、为我所用，汲取外来文化的有益成果，建设发展面向和解决中国实践和中国问题的中国人自主的哲学社会科学知识体系。

### 5.建设中华民族现代文明，必须坚持以守正创新为基本方法，利用不同思想资源，不断推动当代中国文化发展

　　守正创新体现了马克思主义的科学创新理念，是马克思主义开放性和发展性理论品格的思想提升。守正才能不迷失方向、不犯颠覆性错误，创新才能把握时代、引领时代。我们要以科学的态度对待科学、以真理的精神追求真理，传承和发展中华文化。

　　守正就是守马克思主义的正，守当代中国马克思主义、二十一世纪马克思主义的正，守中华文化的正。创新就是在守正的基础上，以我们正在做的事情为中心，运用马克思主义的科学原理和思想方法，挖掘新材料、发现新问题、提出新观点、构建新理论，提炼出有学理性的新理论，概括出有规律性的新实践。习近平总书记指出："要坚持古为今用、洋为中用，融通各种资源，不断推进知识创新、理论创新、方法创新。我们要坚持不忘本来、吸收外来、面向未来，既向内看、深入研究关系国计民生的重大课题，又向外看、积极探索关系人类前途命运的重大问题；既向前看、准确判断中国特色社会主义发展趋势，又向后看、善于继承和弘扬中华优秀传统文化精华。"习近平总书记的重要论述既为当代中华文明的传承发展指明了方向和道路，又为当代中国文化的创新发展提供了可操作性的路径和方法，切实解决了文化传承与发展的世纪难题。

　　"周虽旧邦，其命维新。"中华民族素来具有开放的情怀、家国天下意识、自我革新精神。面向未来、不忘本来、吸收外来，让我们坚定文化自信守护根本，秉持开放包容融通世界，坚持守正创新凝心聚魂，不断谱写中华民族现代文明的精彩华章。

## 微镜头·习近平总书记考察"一馆一院"并出席文化传承发展座谈会

**时间：2023年6月1日至2日**

**日程：考察中国国家版本馆、中国历史研究院，并出席文化传承发展座谈会**

理解了中华文明，才能读懂中国。

文化传承发展座谈会上，习近平总书记将他多年来对中华文明的深邃思考，娓娓道来。

五个突出特性，排在首位的是连续性："中华文明具有突出的连续性"。

如一条波澜壮阔的长河，中华文明一路奔涌而来，流淌过这片古老而现代的土地，滋养着沿岸人民的繁衍生息，浇灌出一片勃勃生机。总书记言简意赅：

"深厚的家国情怀与深沉的历史意识，为中华民族打下了维护大一统的人心根基，成为中华民族历经千难万险而不断复兴的精神支撑。"

"中华文明的连续性，从根本上决定了中华民族必然走自己的路。如果不从源远流长的历史连续性来认识中国，就不可能理解古代中国，也不可能理解现代中国，更不可能理解未来中国。"

前一天的中国国家版本馆考察，"连续性"的思索贯穿始终。

在兰台洞库，来自山东大学文学院的杜泽逊教授，小心翼翼翻开斑驳的文津阁本《九章算术》："它可以说是我们科技的老祖宗了，负数、分数、方程、勾股定理，在当时最领先。"

泛黄的纸张、隽永的墨迹，无声讲述着文明星河的赓续。跨越多少春秋，历经多少沧桑，它们才来到今天。

习近平总书记颇为感慨："我们的祖先，在科学发萌之际，是走在前面的。千百年来，中华民族没有中断，中国文化没有中断，但在数理化上有些中断，被赶超了。"

今天的中国，正大踏步追赶、奋进。浩浩荡荡，生生不息。

兰台洞库的低温，裹着墨香扑面而来。清朝年间，旷世巨著《四库全书》编纂完成后，抄写七部藏于各地。

"文澜阁我去过。"习近平总书记关切询问一座座藏书阁的命运。

只有三部原本保存至今。洞库内，"四阁四库合璧"，何其璀璨又何其艰辛。话题随之落到了"合古今而集大成"的《永乐大典》上。以韵为纲，以字隶事，总书记也牵挂着它们的整理修缮。

杜泽逊教授正埋首做这件事："落实您的批示，进展还比较顺利。"

"我们现在存世的有多少？"

"800 卷，400 多册，只占全书的 4%。庚子事变，东交民巷的翰林院损毁太严重。很可惜！"

战乱、火灾、盗匪、铁蹄、灰烬、流落，再到尘世遗珠、怀瑾重拾。那些藏书的命运，何尝不是中华民族一段历程的写照？

聚散沉浮，国运攸关文运。"盛世修文。"在兰台洞库，习近平总书记多次说起这个词，厚重的使命担在肩上："在岁月侵蚀中已经失去了不少。""但每一个时代都有一批人精心呵护它们，保留下来。到我们这个时代，一是平安稳定，一是有强烈的民族文化保护、建设的意愿，再有有这个能力。条件具备了，那就及时把这件大事办好。"

巍巍大业、传世工程，重启于新时代的今天。因为今天，有决决国力托举，有太平岁月护佑，更有目光所及上下五千年的远见、矢志民族复兴伟业的担当。

中国国家版本馆的建设，正是习近平总书记非常关注、亲自批准的项目，他视之"文明大国建设的基础工程""利在千秋"。"我最关心的就是中华文明历经沧桑留下的最宝贵的东西。我们文化不断流，再传承，留下的这些瑰宝一定要千方百计呵护好、珍惜好。"

总书记语重心长地托付道："拜托你们了！"

惟殷先人，有册有典。弦歌不辍，薪火相传。

"中华民族对全人类要有更大的贡献。五千多年的文明史，现在还在往前探源，我相信，我们的文明史更悠久。传到现在，要继续往下传。不要变成中国的月亮是西方过来的，中国的太阳也是西方过来的，那不行。我们的文化在这里啊！是非常文明的、进步的、先进的。将来传下去，还要传五千年，还不止五千年。"

蘸着历史的笔墨，正在书写新的历史。座谈会上，习近平总书记瞻望未来，从新时代的新征程去端详中华文明，从中国文明的坐标去观察中国式现代化：

"中国式现代化赋予中华文明以现代力量，中华文明赋予中国式现代化以深厚底蕴。中国式现代化是赓续古老文明的现代化，而不是消灭古老文明的现代化；是从中华大地长出来的现代化，不是照搬照抄其他国家的现代化；是文明更新的结果，不是文明断裂的产物。中国式现代化是中华民族的旧邦新命，必将推动中华文明重焕荣光。"

（资料来源：《人民日报》2023 年 6 月 5 日）

**阅读推荐**

1. 王岩：《中华文明是中华民族独特的精神标识》，《红旗文稿》2022年第14期。

2. 左中一：《把握好"六个必须坚持" 铸就社会主义文化新辉煌》，《求是》2023年第2期。

3. 王均伟：《增强实现中华民族伟大复兴的精神力量》，《人民日报》2023年5月12日。

**思考题**

1. 为什么说"两个结合"的"第二个结合"是又一次的思想解放？

2. 为何在努力建设中华民族现代文明的过程中必须坚守人民立场？

3. 作为新时代青年，我们如何才能更好担负起新的文化使命？

专题六

共创中华民族美好未来：坚持『一国两制』，推进祖国统一

『推进强国建设，离不开香港、澳门长期繁荣稳定。』『实现祖国完全统一是全体中华儿女的共同愿望，是民族复兴的题中之义。』习近平总书记在十四届全国人大一次会议上的重要讲话，深入阐明了港澳工作和对台工作在党和国家工作全局中的重要地位和重大意义，深刻昭示了两岸关系发展的历史大势，明确指出了大势所趋、大义所在、民心所向，为进一步做好港澳工作和对台工作指明了方向、提供了遵循，必将极大鼓舞和激励港澳台同胞与祖国人民同心同向同行，心往一处想、劲往一处使，同舟共济、众志成城，共创中华民族伟大复兴的美好未来。

以和平方式实现祖国统一，最符合包括台湾同胞在内的中华民族整体利益。我们坚持"和平统一、一国两制"的基本方针，坚持一个中国原则和"九二共识"，推动两岸关系和平发展。两岸同胞都要站在历史正确的一边，共同创造祖国完全统一、民族伟大复兴的光荣伟业。

# 一、"一国两制"：中国共产党人的伟大创举

## （一）问题的由来

香港、澳门、台湾自古以来就是中国领土不可分割的一部分。1840年以后，西方帝国主义列强凭借其坚船利炮打开了中国大门，强迫腐败无能的清政府签订了一系列不平等条约，香港、澳门才被分割出去，分别被英国和葡萄牙强占。台湾则先被日本窃取，1945年重归中国版图后，1949年又与祖国大陆长期分离。

台湾问题不同于香港、澳门问题，香港问题和澳门问题是历史上殖民主义侵略中国遗留下来的问题，是帝国主义列强强加给中国一系列不平等条约的结果，是属于中国和英国、葡萄牙之间的问题。台湾问题是国内战争遗留下来的问题，其本质是中国的内政问题，不容许外国干涉。

中华人民共和国的成立结束了中国大陆几十年四分五裂的局面，实现了中国人民所期盼的国家统一，正如毛泽东同志所说："人民所厌恶的国家分裂和混乱的局面，已经一去不复返了。"然而，这种统一还是不完全的，祖国宝岛台湾还同大陆处于分治对峙的状态，被英国和葡萄牙所侵占的神圣领土香港和澳门的主权恢复问题当时也没有得到解决。实现祖国的完全统一仍然是中国共产党人不能释怀的重要使命。

祖国必须统一，这是中华民族的根本利益所在：一是民族团结和国家统一始终是中华民族历史发展的主流。反对分裂，坚持统一，是中华民族自古以来就有的光荣传统，是所有华夏儿女的心愿。二是实现祖国完全统一是中华民族伟大复兴的历史任务。实现祖国完全统一，是中华民族伟大复兴的重要内容和基本任务。中华民族的伟大复兴既是一个走向现代化、实现繁荣强盛的过程，也是一个实现祖国完全统一的过程。三是实现祖国完全统一是中国人民不可动摇的坚强意志。民族团结和国家统一，符合中华民族的根本利益，符合中国社会发展的历史潮流。

## （二）"一国两制"，和平统一

党的二十大报告指出："解决台湾问题、实现祖国完全统一，是党矢志不渝

的历史任务，是全体中华儿女的共同愿望，是实现中华民族伟大复兴的必然要求。坚持贯彻新时代党解决台湾问题的总体方略，牢牢把握两岸关系主导权和主动权，坚定不移推进祖国统一大业。"在新中国成立前后，以毛泽东同志为主要代表的中国共产党人就为促进祖国完全统一进行了不懈的努力。

众所周知，"一国两制"率先应用于香港问题的解决上，但是这一伟大的构想实际上却是为解决台湾问题而制定的，其由来可追溯到20世纪50年代。1955年4月，周恩来总理在万隆会议上提出了中国政府对解放台湾问题的立场和新的方式，强调中国政府愿意在可能的条件下，争取用和平方式解放台湾。1962年，由毛泽东亲自拟定，周恩来主持执行，通过张治中等多种渠道，向台湾国民党传达了和平解放台湾的基本政策，力促第三次国共合作。其主要内容为"一纲四目"。"一纲"为：台湾必须归回祖国。"四目"为：第一，台湾回归祖国后，除外交必须统一于中央外，当地军政大权、人事安排等，悉委于蒋，对陈诚、蒋经国等人，亦悉听蒋意重用。第二，所有军政及经济建设一切费用不足之数，悉由中央拨付。第三，台湾的社会改革可以从缓，必俟条件成熟并尊重蒋的意见，协商决定后进行。第四，双方互约不做破坏对方团结之举。但后来，因为海内外复杂的原因，对台统战工作陷于停顿，丧失了祖国统一的极好时机。党的十一届三中全会后，经过拨乱反正，党的工作重心重新回到经济建设上来，国家逐步走向稳定，以邓小平同志为主要代表的中国共产党人带领人民实现了伟大的历史性转变和飞跃，中国迅速走上了改革开放的振兴之路。邓小平及时提出，解决台湾、香港和澳门问题，完成祖国统一大业的任务，已经日益紧迫地摆在我们面前。他强调指出："实现国家统一是民族的愿望，一百年不统一，一千年也要统一的。"在提到解决台湾问题时，他还特别强调："中国的统一是包括台湾人民在内的中华民族的共同愿望，不是哪个党哪个派，而是整个民族的愿望。"正是在这样的背景下，邓小平从中华民族根本利益和国家发展战略的高度，以伟大政治家的智慧和胆略，就解决台湾问题提出了"一个国家，两种制度"的伟大构想，1982年1月，邓小平在一次谈话中再次指出："九条方针是以叶剑英委员长名义提出来的，实际上就是'一个国家，两种制度'"，即在国家实现统一的前提下，国家主体实行社会主义制度，台湾实行资本主义制度。这是党的领导人首次提出"一个国家，两种制度"的概念。1982年12月，五届人大五次会议通过的新宪法第31条规定："国家在必要时得设立特别行政区。在特别行政区内实行的制度按照具体情况由全国人民代表大会以法律规定"。从此，"一国两制"的构想正式载入国家的根本大法，实行"一国两制"有了宪法的保证。

"一国两制"这一构想首先在解决香港问题上

🔗 相关链接
一国两制

得到运用，为完成祖国和平统一大业开辟了切实可行的道路，也为国际社会以和平方式解决历史遗留问题和争端提供了崭新思路。从这一构想出发，中国政府提出了 12 条对港方针，并以此为基础，与英方就香港问题展开谈判。1984年 12 月 19 日，中英两国政府在北京正式签署《中华人民共和国政府和大不列颠及北爱尔兰联合王国政府关于香港问题的联合声明》，中国政府向全世界庄严宣告：中华人民共和国政府决定于 1997 年 7 月 1 日对香港恢复行使主权。在中英关于香港问题的联合声明签署近两年半之后，1987 年 4 月 13 日，中葡两国政府在北京正式签署《中华人民共和国政府和葡萄牙共和国政府关于澳门问题的联合声明》，确定中国政府于 1999 年 12 月 20 日零时对澳门恢复行使主权。

## （三）准确把握"一国两制"内涵和意义

概括地说，"一国两制"的含义，就是在统一的中华人民共和国内部，同时实行社会主义与资本主义两种制度，即祖国大陆实行社会主义制度，台湾、香港和澳门在相当长时间内实行资本主义制度。我国宪法明确规定国家的根本制度是社会主义制度，并规定了国家的基本制度、领导核心和指导思想等制度和原则。坚持一国原则，最根本的是要维护国家主权、安全和发展利益，尊重国家实行的根本制度以及其他制度和原则。

"一国两制"的基础是"一个中国"，即世界上只有一个中国，台湾、香港、澳门都是中国不可分割的组成部分，中国的中央政府在北京，在国际上代表中国的只能是中华人民共和国。"一国两制"是一个完整的概念，"一国"是实行"两制"的前提和基础，"两制"从属和派生于"一国"，并统一于"一国"。习近平主席强调，"一国"是根，根深才能叶茂，"一国"是本，本固才能枝荣。"一国"之内的"两制"并非等量齐观，国家的主体必须实行社会主义制度，是不会改变的。在这个前提下，从实际出发，充分照顾到香港等某些区域的历史和现实情况，允许其保持资本主义制度长期不变。

党的十八大报告指出：全面准确贯彻"一国两制"、"港人治港"、"澳人治澳"、高度自治的方针，必须把坚持一国原则和尊重两制差异、维护中央权力和保障特别行政区高度自治权、发挥祖国内地坚强后盾作用和提高港澳自身竞争力有机结合起来，任何时候都不能偏废。在此，需特别强调：一是要强化"一国"观念。香港、澳门两个特别行政区是中华人民共和国不可分离的部分，是直辖于中央人民政府的享有高度自治权的地方行政区域。二是要尊重"两制"差异。中央政府、内地居民与香港、澳门两个特别行政区政府、社会各界人士要相互尊重对方所实行的社会制度，包括政治制度、经济制度、法律制度等，也包括尊重彼此在意识形态方面存在的某些差异。三是香港、澳门特别行政区的高度自治权来源于中央的授权。我国是单一制国家，香港、澳门特别行政区的高度自治权不是固有的，而是由中央授予的。

因此，国家主体坚持社会主义制度，是香港、澳门实行资本主义制度，保持繁荣稳定的前提和保障。香港、澳门继续保持原有的资本主义制度，依照基本法实行"港人治港"、"澳人治澳"、高度自治，必须在坚持一国原则的前提下，充分尊重国家主体实行的社会主义制度，特别是尊重国家实行的政治体制以及其他制度和原则。内地在坚持社会主义制度的同时，要尊重和包容香港、澳门实行的资本主义制度，还可以借鉴香港、澳门在经济发展和社会管理等方面的成功经验。在"一国"之内，"两种制度"只有相互尊重、相互借鉴，才能和谐并存，共同发展。

"港人治港""澳人治澳"是有界限和标准的，爱国是对治港、治澳者主体的基本政治要求。如果治港者、治澳者不是以爱国者为主体，或者说治港者、治澳者主体不能效忠于国家和特别行政区，"一国两制"在港澳特别行政区的实践就会偏离正确方向，不仅国家主权、安全、发展利益难以得到切实维护，而且港澳的繁荣稳定和广大港澳人的福祉也将受到威胁和损害。

"一国两制"是一个新事物，习近平总书记称之为"中国特色社会主义的伟大创举"。按照"一国两制"实现中国和平统一，符合中华民族根本利益。完成统一祖国大业是全体中国人民的共同心愿。历经百年沧桑的香港回到祖国怀抱，中国人民洗雪了香港被侵占的百年国耻。澳门的回归，标志着在中国国土上彻底结束了外国列强的占领。这是旧中国的政府不能也不敢解决的问题，是中国共产党对于中华民族的历史性贡献。同时，"一国两制"为国际社会解决类似问题提供的一个新思路新方案，是中华民族为世界和平与发展作出的新贡献，凝结了海纳百川、有容乃大的中国智慧。

实践充分证明，"一国两制"是解决历史遗留的香港、澳门问题的最佳方案，也是香港、澳门回归后保持长期繁荣稳定的最佳制度。"一国两制"是完全正确的，是有强大生命力的。

## 二、新时代，保持香港、澳门的稳定发展

### （一）香港、澳门回归后的发展

党的十八大以来，以习近平同志为核心的党中央有针对性地提出：全面贯彻落实"一国两制"方针，一是坚定不移，确保"一国两制"方针不会变、不动摇；二是全面准确，确保"一国两制"实践不变形、不走样，始终沿着正确方向前进。这就要求我们在推进"一国两制"的具体实践中，必须把维护中央

对香港、澳门特别行政区全面管治权和保障特别行政区高度自治权有机结合起来，把坚持"一国"原则和尊重"两制"差异有机结合起来，把发挥祖国内地坚强后盾作用和提高港澳自身竞争力有机结合起来，任何时候都不能偏废，共同维护国家主权、安全、发展利益，保持香港、澳门长期繁荣稳定。习近平总书记在党的二十大报告中指出：我们全面准确推进"一国两制"实践，坚持"一国两制"、"港人治港"、"澳人治澳"、高度自治的方针，推动香港进入由乱到治走向由治及兴的新阶段，香港、澳门保持长期稳定发展良好态势。

港澳回归祖国，重新纳入国家治理体系，走上了同祖国内地优势互补、共同发展的宽广道路。港澳发挥连接祖国内地同世界各地的重要桥梁和窗口作用，为祖国创造经济长期快速发展的奇迹作出了不可替代的贡献，在我国构建对外开放新格局中发挥着重要作用。同时，一个时期，受各种内外复杂因素影响，反中乱港活动猖獗，"修例风波"导致香港局势一度出现极为严峻局面。党中央审时度势、果断决策，全面准确、坚定不移贯彻"一国两制"方针，支持香港特别行政区依法止暴制乱、恢复秩序，制定实施香港国安法，修改完善香港选举制度，强化澳门特别行政区维护国家安全制度机制，落实"爱国者治港""爱国者治澳"原则等。这一系列标本兼治的重大举措，有力打击了反中乱港乱澳势力，一举终结了香港维护国家安全"不设防"的历史，彻底粉碎了港版"颜色革命"，确保特别行政区管治权牢牢掌握在爱国者手中，中央全面管治权得到有效落实，国家安全得到有力捍卫。

**知 识 链 接**

　　面对香港基本法第 23 条本地立法迟迟没有完成、香港特别行政区在维护国家安全方面处于世所罕见的"不设防"状况，中央果断出手，十三届全国人大三次会议于 2020 年 5 月 28 日通过了《全国人民代表大会关于建立健全香港特别行政区维护国家安全的法律制度和执行机制的决定》，十三届全国人大常委会第二十次会议于 2020 年 6 月 30 日通过了香港国安法，为香港特区行政、立法和司法机关依法防范、制止和惩治危害国家安全的行为和活动提供了有力制度保障，筑牢了在香港特别行政区防控国家安全风险的制度屏障，成为维护香港稳定的"定海神针"。

　　在"一国两制"之下，港澳传统优势不断巩固提升，新经济增长动能逐渐形成，香港的国际金融、航运、贸易中心地位继续保持。金融方面，香港"吸金"能力显著增强，2020 年银行体系总结余超过 4500 亿港元，打破历史纪录；

港股 IPO 募资金额高居全球第二；香港保持世界第六大银行中心、世界第五大股票市场、世界第四大外汇市场地位；航运和贸易方面，香港保持世界第七大贸易体地位，国际机场货运量连续 18 年排名全球第一，2019 年港口货柜吞吐量排名全球第八。2021 年母公司在海外及内地的驻港公司达 9049 家，香港的初创企业亦增至 3755 家，两项数字均创新高。自回归以来，香港本地生产总值年均实际增长 2.7%，比同期全球发达经济体平均增速高 0.8 个百分点，即使受疫情持续影响，2021 年香港人均本地生产总值仍达 4.9 万美元，超过英国和欧元区、欧盟、欧洲平均值；澳门本地生产总值年均实际增长 3.5%，人均本地生产总值大幅增长，由 1.5 万美元增至 4.4 万美元。在中央支持下，香港抵御了亚洲金融风暴、"非典"疫情、国际金融危机等冲击，巩固了国际金融、航运、贸易中心地位。习近平总书记亲自谋划、亲自部署、亲自推动的粤港澳大湾区建设，为港澳发展提供了难得机遇、广阔空间和强劲动能，港澳以前所未有的广度、深度积极融入国家发展大局。

在"一国两制"之下，港澳居民根本利益和福祉得到非常好的保障。港澳同胞当家作主，实行"港人治港"、"澳人治澳"、高度自治，香港、澳门真正的民主由此开启，港澳居民享有比历史上任何时期都广泛的权利和自由。自回归以来，香港、澳门与祖国内地同呼吸、共命运，克难关、促发展，连续出台了内地居民港澳自由行、在香港建立人民币离岸市场、开通"沪港通""深港通""债券通"、促进澳门经济适度多元发展等重大利好政策，完成了深港西部通道、广深港高铁、港珠澳大桥等重大项目，推动港澳各项事业取得长足进步。特别是香港新选举制度的实施，充分体现了广泛代

2023 年 2 月 6 日，香港与内地全面"通关"，大批香港旅客早上从港铁罗湖站进入罗湖口岸便捷过关，入境内地。图为香港旅客等待罗湖口岸重开

表性、政治包容性、均衡参与性、公平竞争性，符合"一国两制"方针、符合香港实际的民主道路越走越宽广。港澳居民习惯的资本主义制度和生活方式保持不变，"马照跑、股照炒、舞照跳"，国际大都会魅力更胜往昔。港澳各项社会事业取得显著进步，教育事业快速发展，社会保障和福利服务体系不断健全，跻身全球最宜居的发达城市之列。香港拥有 46 名国家两院院士、5 所世界百强大学，澳门实行 15 年免费教育；香港男女居民的预期寿命分别达到 83 岁、87.7 岁，澳门则分别达到 81.3 岁、87.1 岁，均名列世界前茅。面向未来，保

持香港、澳门长期繁荣稳定，迎来更加美好的明天，是800多万港澳同胞的最大福祉，也是祖国人民的衷心期盼。

### （二）全面准确贯彻"一国两制"，坚持"四个必须"

习近平主席在庆祝香港回归祖国25周年大会暨香港特别行政区第六届政府就职典礼上的讲话中深刻指出："必须全面准确贯彻'一国两制'方针；必须坚持中央全面管治权和保障特别行政区高度自治权相统一；必须落实'爱国者治港'；必须保持香港的独特地位和优势。""四个必须"明确表达了长期坚持"一国两制"的坚定立场，为我们在新阶段推进"一国两制"事业提供了思想指引、指明了行动方向。

一是必须全面贯彻"一国两制"方针。这是"一国两制"实践的总要求，是管根本的。全面准确，就是要确保不走样、不变形；坚定不移，就是要确保不会变、不动摇。事实雄辩地证明，"一国两制"是完全行得通、办得到、得人心的，是妥善处理历史遗留的香港问题的最佳解决方案，是香港回归后始终焕发蓬勃生机的正确方法路径。当前，"一国两制"事业进入新阶段，香港正处在从由乱到治走向由治及兴的关键期，澳门正奋力开创更好发展的新局面。但同时，世界百年未有之大变局加速演进，国际力量对比深刻调整，港澳发展和安全面临新形势、新挑战、新问题。我们要放眼世界格局剧烈变化，立足国家现代化建设总体要求，以"港澳所长"对接"国家所需"，加强对港澳经济社会发展的战略谋划和顶层设计，推动港澳更好服务国家事业发展全局。

"一国两制"必须长期坚持，这是历史之必然，是民心之所向。"一国两制"是经过实践反复检验了的好制度，在稳步前行中展现出强大的制度韧性。无论是国际金融危机、新冠肺炎疫情，还是一些剧烈的社会动荡，都没有阻挡住香港行进的脚步。"这样的好制度，没有任何理由改变，必须长期坚持！"

二是必须坚持中央全面管治权和保障特别行政区高度自治权相统一。坚持落实中央全面管治权和保障特别行政区高度自治权相统一，是近年来"一国两制"成功实践得出的一条极为宝贵的经验。中央拥有对特别行政区的全面管治权，既包括中央直接行使的权力，也包括授权特别行政区依法实行高度自治，对于特别行政区的高度自治权，中央拥有监督权力。要健全中央依照宪法和基本法对特别行政区行使全面管治权的制度，依法行使宪法和基本法赋予中央的各项权力。在落实中央全面管治权的同时，必须充分尊重和维护特别行政区的高度自治权，充分尊重和维护特别行政区政府的施政主体地位。落实中央全面管治权和保障特别行政区高度自治权是统一衔接的，只有做到这一点，才能够把特别行政区治理好。香港之所以实现由乱到治、重回正轨，很重要的一条就是用好中央全面管治权。抓住事关港澳长治久安的重大问题，把该管的坚决管起来，把该纠正的坚决纠正过来，把该立的规矩坚决立起来，确保"一国两制"实践始终沿着正确方向前行。

三是必须坚定落实"爱国者治港""爱国者治澳"原则。把香港、澳门特别行政区管治权牢牢掌握在爱国者手中，这是确保"一国两制"行稳致远，保证港澳长治久安、繁荣稳定的必然要求，任何时候都不能动摇。爱国者有明确的标准，就是必须真心维护国家主权、安全、发展利益，尊重和维护国家根本制度和特别行政区宪制秩序，全力维护香港、澳门的繁荣稳定。特别行政区管治权必须掌握在坚定的爱国者手中，绝不允许反中乱港乱澳分子进入特别行政区管治架构。落实"爱国者治港""爱国者治澳"原则，每位港澳居民都是参与者、实践者、受益者，而不是旁观者。越来越多爱国爱港爱澳立场坚定、管治能力突出的人士进入特别行政区管治架构中，展现出"爱国者治港""爱国者治澳"新气象。越来越多的港澳居民更加认识到，守护好管治权，就是守护和谐稳定，就是守护切身福祉。

四是必须发挥香港、澳门的优势和特点，全力支持发展港澳经济。这是实行"一国两制"方针的重要战略考量，是港澳融入国家发展大局、提升国际竞争力的重要条件。背靠祖国、联通世界是港澳得天独厚的显著优势。自由开放雄冠全球、营商环境世界一流、法治水准广受赞誉、国际资本人才汇聚、中西文化荟萃交融，以及香港继续保持普通法制度、澳门继续保持原有法律制

作为构筑深港跨境交通"东进东出、西进西出"大通关格局的重要一极，深圳东部过境高速公路将为服务粤港澳大湾区建设提供一条新的"黄金通道"。图为深圳东部过境高速公路起点莲塘口岸夜景

度等，是港澳取得成功的重要因素。发挥好港澳的优势和特点，对于保持港澳长期繁荣稳定，对于实现第二个百年奋斗目标，对于共建"一带一路"、促进合作共赢，都具有十分重要意义。只要有利于港澳长期保持独特地位和优势，有利于港澳同世界各地开展更加开放、更加密切的交往合作，中央都不遗余力予以支持。

香港、澳门同胞与祖国人民一样，是中华民族伟大复兴历史责任的共担者，是国家繁荣富强伟大荣光的共享者。实现中华民族伟大复兴，需要包括港澳同胞在内的全体中华儿女勠力同心，共同奋斗。长期以来，香港、澳门积极参与

国家改革开放和现代化建设，在国家经济发展和对外开放中的地位和功能不断提升，作出了特殊而重要的贡献。中央坚持从"一国两制"制度框架及港澳经济实际出发制定港澳在粤港澳大湾区、"一带一路"及"十四五"规划中的发展目标和具体要求，为港澳优先发展提供国家的强大政策支持与引导，同时要推动特别行政区政府转变治理理念，承担起引领经济社会发展的主体责任；要支持香港巩固国际金融、航运、贸易中心地位，加快创科产业发展；要支持澳门"一中心、一平台、一基地"建设，推动经济适度多元发展。要推动港澳更好融入国家发展大局，抓住国家重大战略实施带来的宝贵机遇，开拓发展新空间，增添发展新动能。要切实排解民生忧难，特别行政区政府要把全社会特别是普通市民的期盼作为施政的最大追求，拿出更果敢的魄力、更有效的举措破难而进，让港澳居民更加公平公正地获得发展机会、分享发展成果，不断提升获得感、幸福感、安全感，用实实在在的发展成绩，不断增强港澳社会和国际社会对"一国两制"的信心。

见"习"日记

我们要扎实推进"一国两制"实践和祖国统一大业。推进强国建设，离不开香港、澳门长期繁荣稳定。要全面准确、坚定不移贯彻"一国两制"、"港人治港"、"澳人治澳"、高度自治的方针，坚持依法治港治澳，支持香港、澳门特别行政区发展经济、改善民生，更好融入国家发展大局。实现祖国完全统一是全体中华儿女的共同愿望，是民族复兴的题中之义。要贯彻新时代党解决台湾问题的总体方略，坚持一个中国原则和"九二共识"，积极促进两岸关系和平发展，坚决反对外部势力干涉和"台独"分裂活动，坚定不移推进祖国统一进程。

——2023年3月13日，习近平总书记在第十四届全国人民代表大会第一次会议上的讲话

## 三、实现两岸统一的最佳方式："和平统一、一国两制"

### （一）全面准确把握解决台湾问题的基本方针

台湾自古属于中国的历史经纬清晰、法理事实清楚。历史上台湾由中国人开发，宋元以后，中国历代中央政府开始在澎湖、台湾设治，实施行政管辖。

由于中国内战延续和外部势力干涉，海峡两岸陷入长期政治对立的特殊状态，但中国的主权和领土从未分割也决不允许分割，台湾是中国领土的一部分的地位从未改变也决不允许改变。1971年10月，第26届联合国大会通过第2758号决议，决定："恢复中华人民共和国的一切权利，承认她的政府的代表为中国在联合国组织的唯一合法代表并立即把蒋介石的代表从它在联合国组织及其所属一切机构中所非法占据的席位上驱逐出去。"这一决议不仅从政治

 相关链接

1971年10月25日，中国恢复联合国合法席位

上、法律上和程序上彻底解决了包括台湾在内全中国在联合国的代表权问题，而且明确了中国在联合国的席位只有一个，不存在"两个中国""一中一台"的问题。

实现祖国统一，始终是全体中华儿女的共同愿望。中国必须统一，也必然统一。在这个问题上，中国共产党人历来坚定不移、旗帜鲜明。中国共产党始终致力于为中国人民谋幸福、为中华民族谋复兴。在中国共产党成立初期，中国共产党就把争取台湾摆脱殖民统治回归祖国大家庭、实现包括台湾同胞在内的民族解放作为奋斗目标，付出了巨大努力。新中国成立以后，以毛泽东同志为主要代表的中国共产党人，提出和平解决台湾问题的重要思想、基本原则和政策主张；进行了解放台湾的准备和斗争，粉碎了台湾当局"反攻大陆"的图谋，挫败了各种制造"两个中国""一中一台"的图谋；促成联合国恢复了中华人民共和国的合法席位和一切权利，争取了世界上绝大多数国家接受一个中国原则，为实现和平统一创造了重要条件。中共中央还通过适当渠道与台湾当局高层人士接触，为寻求和平解决台湾问题而积极努力。

党的十一届三中全会后，党中央和邓小平在毛泽东、周恩来等老一辈革命家关于争取和平解放台湾思想的基础上，正视历史和现实，创造性地提出"一国两制"科学构想，开辟了以和平方式实现祖国统一的新途径。

"和平统一、一国两制"是我们解决台湾问题的基本方针，也是实现国家统一的最佳方式，体现了海纳百川、有容乃大的中华智慧。中国共产党肩负着民族强盛与和平发展的历史使命，在台湾问题上始终以宽容、博爱、仁义之胸襟，坚持以和平方式实现国家统一。众所周知，"一国两制"最早是为解决台湾问题量身定做的。长期以来，我党在诸多方面对和平解决台湾问题进行了不懈探索，比如关于统一方式，关于台湾现行制度，关于党、政、军管理，关于财政、司法独立问题，关于对外正常关系问题等。进入新时代，习近平主席提出"两岸一家亲""两岸命运共同体""心灵契合"和"融合发展"和五项重要政策主张，对台方针政策不断丰富、发展、完善，形成一套更加完整的"和平统一、一国两

制"方案。

2022 年 8 月 10 日，国务院台湾事务办公室、国务院新闻办公室发表《台湾问题与新时代中国统一事业》白皮书，进一步重申台湾是中国的一部分的事实和现状，展现中国共产党和中国人民追求祖国统一的坚定意志和坚强决心，阐述中国共产党和中国政府在新时代推进实现祖国统一的立场和政策。

为什么说"和平统一、一国两制"是解决台湾问题的最佳选择？《台湾问题与新时代中国统一事业》白皮书指出：我们主张，和平统一后，台湾可以实行不同于祖国大陆的社会制度，依法实行高度自治，两种社会制度长期共存、共同发展。"一国"是实行"两制"的前提和基础，"两制"从属和派生于"一国"并统一于"一国"之内。我们将继续团结台湾同胞，积极探索"两制"台湾方案，丰富和平统一实践。"一国两制"在台湾的具体实现形式会充分考虑台湾现实情况，会充分吸收两岸各界意见和建议，会充分照顾到台湾同胞利益和感情。

"一国两制"是为解决两岸社会制度和意识形态不同而提出的最具包容性的方案，是和平的方案、民主的方案、善意的方案、共赢的方案。按照"一国两制"实现两岸和平统一，将给台湾经济社会发展和广大台湾同胞带来实实在在的好处。两岸统一后，台湾可以实行不同于祖国大陆的社会制度。台湾同胞可以在和平安宁的状态下生活和工作。祖国大陆将更有条件、更好地照顾台湾同胞。在确保国家主权、安全、发展利益的前提下，台湾同胞的社会制度和生活方式等将得到充分尊重，台湾同胞的私人财产、宗教信仰、合法权益将得到充分保障。所有拥护祖国统一、民族复兴的台湾同胞将在台湾真正当家作主，参与祖国建设，尽享发展红利。两岸统一后，两岸经济合作机制化、制度化更加完善，以大陆市场为广阔腹地，台湾经济发展空间更大，竞争力更强，产业链供应链更加稳定通畅，创新活力更加生机勃勃。长期困扰台湾发展和民生改善的众多难题，可以在两岸融合发展、应通尽通中得到解决。台湾财政收入尽可用于改善民生，多为老百姓做实事、办好事、解难事。两岸统一后，台湾的文化创造力将得到充分发扬，两岸同胞共同传承中华文化、弘扬民族精神，交流互鉴、化育后人。台湾地域文化在中华文化根脉的滋养中更加枝繁叶茂、焕发光彩，而且台湾同胞发展空间将更大，在国际上腰杆会更硬、底气会更足，更加安全、更有尊严，共享中华民族伟大复兴的荣耀。必须强调的是，中国的统一不会损害任何国家的正当利益包括其在台湾的经济利益，只会给各国带来更多发展机遇，只会给亚太地区和世界繁荣稳定注入更多正能量，只会为构建人类命运共同体、为世界和平发展和人类进步事业作出更大贡献。

## （二）推动两岸关系和平发展

自 1949 年台湾问题形成以来，中国共产党始终把解决台湾问题、完成祖国统一大业作为自己的神圣职责，进行了长期不懈的努力。1979 年元旦，全国人民代表大会常务委员会发表《告台湾同胞书》，郑重宣示了争取祖国和平统一的大政方针，两岸关系发展由此揭开新的历史篇章。《告台湾同胞书》的发表标志着解决台湾问题的理论和实践进入了一个新的历史时期。党的十一届三中全会成为中国共产党对台政策战略性调整的历史转折点，改革开放在客观上需要与之相适应的和平安定的国际国内环境，改革开放的成就为"一国两制"方针的确立奠定了基础，非公有制经济的出现为"一国两制"的实施提供了可能，促进了海峡两岸经贸关系的迅速发展，两岸贸易、人员往来等经贸活动迅速发展，台湾同胞到大陆投资日趋活跃。党的十三大提出了继续鼓励个体经济和私营经济发展的方针，为台资投向大陆创造了条件，1988 年颁布的《国务院关于鼓励台湾同胞投资的规定》、1994 年颁布的《中华人民共和国台湾同胞投资保护法》和 1999 年颁布的《中华人民共和国台湾同胞投资保护法实施细则》等的实施，使台胞投资领域扩大、方式灵活、审批简便，待遇优厚，大大激发了台胞投资大陆的热情，两岸在科技、文化、体育等各领域的交流日益增多。中国共产党以极大的诚意倡导祖国和平统一，从根本上动摇了台湾当局维持戒严统治的基础，对其一直推行的从军事反攻到军事、政治全面对峙的大陆政策进行了一定程度上的调整。20 世纪 80 年代中后期，台湾当局逐步放宽对两岸经贸政策的限制，在台湾地区解除戒严令，开放台湾民众到大陆探亲，有限开放两岸通信，允许台湾运动员和学者到大陆参加体育比赛和学术活动等。1987 年，台湾当局开始被迫调整不接触、不谈判、不妥协的"三不"政策，两岸长达 30 多年的隔绝状态被打破，两岸关系发生了历史性的变化。自 1987 年底两岸同胞隔绝状态被打破以来，随着两岸经贸交往、人员往来和各项交流蓬勃发展，两岸同胞交往日益密切，为此，台湾当局成立海峡交流基金会（海基会），就事务性问题与祖国大陆方面进行接触商谈。鉴于台湾当局的有关文件中明确表示坚持一个中国原则、追求国家统一，鉴于海基会以"中国的、善意的、服务的"为建会宗旨，祖国大陆方面为促进两岸交流、维护两岸同胞的正当权益、改善和发展两岸关系，同意进行事务性商谈，并于 1991 年 12 月 16 日成立海峡两岸关系协会（海协会），以促进海峡两岸交往、发展两岸关系、实现祖国和平统一为宗旨。

海协会与海基会的成立，积极推动两岸的交流和合作。1992 年 8 月 1 日，台湾当局的"国家统一委员会"就两会商谈事务性协议时有关"一个中国"含义问题作出"结论"，内称："海峡两岸均坚持一个中国之原则，但双方所赋予之含义有所不同"；"台湾固为中国之一部分，但大陆亦为中国之一部分"；台湾当局"已制订国统纲领，开展统一步伐"。这份"结论"表明了台湾当局承认台湾是中国领土的一部分和"海峡两岸均坚持一个中国原则"、追求统一的立场。1992年11月，海协会与海基会经过会谈，达成了在事务性商谈中各自以口头方式表述"海峡两岸均坚持一个中国原则"的共识，这就是著名的"九二共识"。1992年10月12日，党的十四大报告正式把"一国两制"列为中国特色社会主义理论的主要内容之一，把和平统一祖国的工作放到一个更加重要的位置上。此外，还提出"在一个中国的前提下，什么问题都可以谈，包括就两岸正式谈判的方式同台湾方面进行讨论，找到双方都认为合适的办法"。表明在两岸谈判内容上有了重大突破。1993年8月31日，《台湾问题与中国的统一》白皮书发表，系统阐述了台湾问题的由来及现状，介绍了两岸关系的发展情况，阐明了中国政府对解决台湾问题的方针政策和国际事务中涉及台湾问题的原则立场。

党的十八大以来，以习近平同志为主要代表的中国共产党人，全面把握两岸关系时代变化，丰富和发展国家统一理论和对台方针政策，推动两岸关系朝着正确方向发展，形成新时代中国共产党解决台湾问题的总体方略，提供了新时代做好对台工作的根本遵循和行动纲领。2017年10月，党的十九大确立了坚持"一国两制"和推进祖国统一的基本方略，强调："绝不允许任何人、任何组织、任何政党、在任何时候、以任何形式、把任何一块中国领土从中国分裂出去！"2019年1月，习近平总书记在《告台湾同胞书》发表40周年纪念会上发表重要讲话，郑重提出了新时代推动两岸关系和平发展、推进祖国和平统一进程的重大政策主张：携手推动民族复兴，实现和平统一目标；探索"两制"台湾方案，丰富和平统一实践；坚持一个中国原则，维护和平统一前景；深化两岸融合发展，夯实和平统一基础；实现同胞心灵契合，增进和平统一认同。中国共产党和中国政府采取一系列引领两岸关系发展、促进祖国和平统一的重大举措：

——推动实现1949年以来两岸领导人首次会晤、直接对话沟通，将两岸交流互动提升到新高度，为两岸关系发展翻开了新篇章、开辟了新空间，成为两岸关系发展道路上一座新的里程碑。双方两岸事务主管部门在共同政治基础上建立常态化联系沟通机制，两部门负责人实现互访、开通热线。

——坚持一个中国原则和"九二共识"，推进两岸政党党际交流，与台湾有关政党、团体和人士就两岸关系与民族未来开展对话协商，深入交换意见，达成多项共识并发表共同倡议，与台湾社会各界共同努力探索"两制"台湾方案。

——践行"两岸一家亲"理念，以两岸同胞福祉为依归，推动两岸关系和平发展、融合发展，完善促进两岸交流合作、保障台湾同胞福祉的制度安排和政策措施，实行卡式台胞证，实现福建向金门供水，制发台湾居民居住证，逐步为台湾同胞在大陆学习、创业、就业、生活提供同等待遇，持续率先同台湾同胞分享大陆发展机遇。

**相关链接**

海峡论坛奏响两岸融合发展最强音

面向基层　共叙亲情乡情

——团结广大台湾同胞，排除"台独"分裂势力干扰阻挠，推动两岸各领域交流合作和人员往来走深走实。克服新冠肺炎疫情影响，坚持举办海峡论坛等一系列两岸交流活动，保持了两岸同胞交流合作的发展态势。

——坚定捍卫国家主权和领土完整，坚决反对"台独"分裂和外部势力干涉，有力维护台海和平稳定和中华民族根本利益。依法打击"台独"顽固分子，有力震慑"台独"分裂势力。妥善处理台湾对外交往问题，巩固发展国际社会坚持一个中国原则的格局。

党的十八大以来，两岸政治交往取得历史性突破。我们推动实现1949年以来两岸领导人首次会晤、直接对话沟通，将两岸交流互动提升到新高度，成为两岸关系发展道路上一座新的里程碑。十年来，反"独"促统大势不断增强。我们坚定捍卫国家主权和领土完整，坚决反对"台独"分裂和外部势力干涉，有力维护台海和平稳定和中华民族根本利益。依法打击"台独"顽固分子，有力震慑"台独"分裂势力。妥善处理台湾对外交往问题，巩固发展国际社会坚持一个中国原则的格局。

中国共产党始终是中国人民和中华民族的主心骨，是民族复兴、国家统一的坚强领导核心。中国共产党为解决台湾问题、实现祖国完全统一不懈奋斗的历程充分表明：必须坚持一个中国原则，绝不允许任何人任何势力把台湾从祖国分裂出去；必须坚持为包括台湾同胞在内的全体中国人民谋幸福，始终致力于实现两岸同胞对美好生活的向往；必须坚持解放思想、实事求是、守正创新，把握民族根本利益和国家核心利益，制定实施对台方针政策；必须坚持敢于斗争、善于斗争，同一切损害中国主权和领土完整、企图阻挡祖国统一的势力进行坚决斗争；必须坚持大团结大联合，广泛调动一切有利于反"独"促统的积极因素，共同推进祖国统一进程。

## （三）坚决反对外部势力干涉和"台独"分裂活动

对两岸关系和平发展的最大障碍和对台湾同胞利益福祉的最大威胁是"台独"势力及其分裂活动。

所谓"台湾独立"就是企图把台湾从中国分割出去，是分裂国家的严重罪行。从 20 世纪 90 年代初开始，李登辉逐步背弃一个中国原则，采取了一系列分裂步骤，致使"台独"分裂势力膨胀、"台独"分裂活动猖獗、"台独"分裂思潮蔓延。2000 年陈水扁上台后，台湾局势发生重大变化，两岸关系形势更趋严峻。为维护两岸同胞的根本利益，维护国家主权和领土完整，我们毫不动摇地坚持一个中国原则，与"台独"分裂势力进行了坚决斗争。10 年间进行了四场重大的斗争。一是 1995 年 6 月至 1996 年 3 月反分裂、反"台独"的斗争；二是 1999 年反对李登辉"两国论"的斗争；三是 2002 年反对陈水扁"一边一国论"的斗争；四是 2003 年开始的反对陈水扁利用公投进行"台独"分裂活动的斗争。这四场重大的斗争，充分展示了中华儿女坚决捍卫国家主权和领土完整的坚强意志和坚定决心，沉重打击了"台独"分裂势力的嚣张气焰，捍卫了台湾是中国领土一部分的地位。

民进党当局坚持"台独"分裂立场，勾结外部势力不断进行谋"独"挑衅。蔡英文上台后，两岸关系明显出现重大曲折又走向低迷。蔡英文本人的政治倾向和政治立场带有很强的"台独分裂"背景。在这种情况下，台湾当局逐渐走向与祖国大陆离心离德对立对抗的方向。一方面，台湾岛内在绿营控制下否认"九二共识"的声音成为政坛主流，蔡英文当局频频挑动两岸对立情绪；另一方面，蔡英文当局加紧了"以武谋独"的政治阴谋，在美国政府的支持下寻求与大陆对抗，勾结外部势力在国际上竭力制造"两个中国""一中一台"。从否定"九二共识"、毁弃两岸关系共同政治基础，到公然宣扬"两国论"，肆意攻击"一国两制"，在岛内全方位推行"去中国化"，操弄"法理台独"；出台种种恶法阻挠、限制两岸交流合作，民进党在岛内打压异己，操弄族群对立，分化台湾社会；钳制舆论，制造"寒蝉效应"；依仗行政和司法资源，强行通过"反渗透法"等恶法，制造"绿色恐怖"，推行"新南向政策"，不惜牺牲台湾整体利益，诱导台湾企业将重心转移至东南亚国家。持续推动"去中国化""文化台独"政策，强化台湾的"主体性"，打压岛内主张两岸关系和平发展与和平统一的正义力量与理性声音，等等。特别是勾结外部反华势力，频频向美军购，操弄"以武谋独""倚美谋独"，置台海和平、台湾民众安危于不顾，导致两岸关系急转直下、台海局势紧张动荡，台湾甚至被外媒称为"地球上最危险的地方"。

外部势力干涉是推进中国统一进程的突出障碍。美方在中美三个联合公报中作出郑重承诺，承认中华人民共和国政府是中国的唯一合法政府，承认中国的立场，即只有一个中国，台湾是中国的一部分，白纸黑字，清清楚楚。中美建交以来，历任美国政府均明确要奉行一个中国政策。但是，美方口头上称奉行一个中国政策，实际上不断"切香肠"，企图歪曲、篡改、虚化、掏空一个中国原则。美国一些势力出于霸权主义心态和冷战思维，将中国视为最主要战略对手和最严峻的长期挑战，竭力围堵打压，加强与台湾地区官方往来，不断策动对台军售，加深与台湾的军事勾连，不时炮制损害中国主权的涉台议案，纵容"台独"分裂势力冒险挑衅，把台湾当作遏制中国发展进步、阻挠中华民族伟大复兴的棋子，希望把台湾打造成对抗中国大陆永不沉没的航空母舰，导致台海形势紧张持续升级，严重损害台湾同胞利益福祉和光明前途。美国反华势力长期企图介入台湾问题，但在中国人民坚决斗争下，图谋一次次遭到挫败。美方种种言行无法改变台湾问题是中国内政的性质，无法撼动台湾是中国一部分的地位，无法动摇国际社会一个中国原则的广泛共识。

面对变化了的形势，党中央从容应对，采取一系列有力的政策措施，维护一个中国原则，保持了台海局势总体稳定。在台湾政局生变前，习近平主席多次发表重要讲话，指出两岸关系发展面临方向和道路的抉择，强调走和平发展之路，谋互利双赢之道，利在两岸当下，功在民族千秋。"台独"势力煽动两岸敌意和对立，损害国家主权和领土完整，破坏台海和平稳定，阻挠两岸关系发展，只会给两岸同胞带来深重祸患。对此，两岸同胞要团结一致、坚决反对。台湾政局发生变化之后，习近平总书记指出，我们对台大政方针是明确的、一贯的，不会因台湾政局变化而改变。我们将坚持"九二共识"政治基础，继续推进两岸关系和平发展；坚决遏制任何形式的"台独"分裂行径，维护国家主权和领土完整，绝不让国家分裂的历史悲剧重演。习近平总书记的重要讲话，为新形势下对台工作定下了基调，指明了努力方向，同时向民进党当局和"台独"势力表明了"我主张什么、反对什么、绝不容忍什么"的鲜明态度，划出清晰底线，形成强大震慑力量。

针对民进党上台后拒不接受"九二共识"的行径，大陆方面果断采取一系列措施，充分展现了坚决反对和遏制"台独"的决心、意志和能力。一是持续依法对"台独"顽固分子采取精准打击措施，对涉"独"言论嚣张、谋"独"行径恶劣、"倚美谋独"活动猖獗的极少数"台独"顽固分子加大惩戒的力度，依法对"台独"顽固分子追究刑事责任，终身有效；二是加强同岛内相关政党、团体和社会各界人士的交流互动，壮大反对"台独"、维护两岸关系和平发展的力量和声势；三是积极开展舆论斗争，揭批民进党当局和"台独"势力破坏两岸关系政治基础和现状的行径；四是继续推进两岸各领域交流合作，秉持"两岸一家亲"理念，与台湾同胞分享大陆发展机遇，一如既往地为台湾同胞谋福祉、办实事。

中国政府坚持以一个中国原则处理台湾问题，广泛做国际社会工作，敦促有关国家和地区妥善处理涉台问题，纠正在台湾问题上的错误言行，向国际社会宣示捍卫中国国家核心利益的坚定立场。由于拒不承认"九二共识"，民进党当局参与相关国际组织活动接连碰壁，越来越多台湾的所谓"邦交国"对一个中国原则有了清醒认识，放弃与台湾的"邦交"关系，坚持一个中国原则成为国际社会普遍共识。

"台独"是绝路，只会把台湾同胞推入险境。无论是民进党的"倚美谋独"还是一些外部势力"以台制华"，都会导致两岸关系紧张动荡，危害台海和平稳定，破坏和平统一前景，给台湾带来灾难性后果，严重损害台湾同胞的利益福祉。美国反华势力越来越口无遮拦和肆无忌惮，民进党当局一味甘当美遏华马前卒，投靠美国无异于"抱薪玩火"，为谋"独"不择手段，在错误道路上越走越远，将会给台湾带来严重后果。

台湾问题事关国家核心利益和中国人民民族感情，外部势力企图利用台湾问题阻挠中国发展和统一，只会以失败告终。我们采取一系列坚决有力的反制行动，针对的是"台独"分裂活动和外部势力干涉，绝不是广大台湾同胞。我们将继续团结岛内一切反"独"力量和积极因素，扩大两岸交流合作，深化两岸融合发展，厚植两岸同胞共同利益，增进心灵契合，孤立打击"台独"势力，强化塑造反"独"促统大势。我们愿意为和平统一创造广阔空间，但绝不为任何形式的"台独"分裂活动留下任何空间。任何人都不要低估中国人民捍卫国家主权和领土完整的坚强决心、坚定意志、强大能力。习近平总书记强调，"台湾问题是中国核心利益中的核心，是中美关系政治基础中的基础，是中美关系第一条不可逾越的红线"。党的二十大报告中指出，"台湾是中国的台湾。解决台湾问题是中国人自己的事，要由中国人来决定。保留采取一切必要措施的选项，这针对的是外部势力干涉和极少数'台独'分裂分子及其分裂活动，绝非针对广大台湾同胞"。近年来，美台相互勾结给两岸关系带来巨大挑战，党的二十大报告中强调，"务必敢于斗争、善于斗争"，报告中 19 次讲到"斗争"，3 次提及"斗争精神"，2 次谈及"斗争本领"。2022 年 8 月，大陆发布《台湾问题与新时代中国统一事业》白皮书，提到"台独"次数高达 36 次。同时，坚决反对和遏制"台独"被写入党章，充分体现民进党当局是两岸和平稳定的最大现实威胁，清除"台独"分裂分子，已经成为全党意志的集中体现。中国人民不信邪、不怕鬼、不怕压。美国国会一些人处心积虑打"台湾牌"，企图通过搞一些"法案"、叫嚣对华"制裁"，刺激"台独"分裂势力冒险挑衅，阻挡中国统一的历史进程，完全是痴心妄想。我们要继续团结广大台湾同胞共担民族大义，反对形形色色的"台独"分裂行为，携手维护实现祖国统一的光明前景。

在以习近平同志为核心的党中央坚强领导下，在习近平新时代中国特色社会主义思想的科学引领下，有中国特色社会主义制度的有力保障，有改革开放40多年积累的物质基础，有14亿多中国人民的强大民意，我们一定能够战胜前进道路上的风险挑战，坚决粉碎任何"台独"分裂图谋，坚决反对一切外部势力干涉，扎实推进祖国统一进程。

## （四）不可阻止的统一大势

台湾问题因民族弱乱而产生，必将随着民族复兴而解决。国家强大、民族复兴、两岸统一的历史大势，任何人任何势力都无法阻挡。1986年9月，美国哥伦比亚广播公司记者迈克·华莱士在采访邓小平时问道："台湾有什么必要同大陆统一？"邓小平说："这首先是个民族问题，民族的感情问题。凡是中华民族的子孙，都希望中国能统一，分裂总是违背民族意志的。其次，只要台湾不同大陆统一，台湾作为中国领土的地位是没有保障的，不知道哪一天又被别人拿去了。"

新中国成立70多年来，我们顺应两岸同胞共同愿望，团结广大台湾同胞，推动台海形势从紧张对峙走向缓和改善、进而走上和平发展道路，两岸关系不断取得突破性进展。今天，我们比历史上任何时期都更接近、更有信心和能力实现中华民族伟大复兴的目标，也更有能力、更有条件推进祖国统一。

世界潮流，浩浩荡荡，顺之者昌，逆之者亡。台湾前途在于国家统一，台湾同胞福祉系于民族复兴。中国必须统一，中国必将统一，一个中国统一的历史大趋势已经成排山倒海之势，没有任何势力能够阻挡。

祖国大陆的发展进步从根本上决定着两岸关系走向。新中国成立70多年来，特别是改革开放40多年来，我国综合实力和国际影响力极大提升，中华民族迎来了从站起来、富起来到强起来的伟大飞跃。祖国大陆的发展进步从根本上决定着两岸关系走向。从全面建成小康社会到基本实现现代化，再到全面建成社会主义现代化强国，随着新时代中国特色社会主义发展战略安排的推进，祖国大陆将不断增强对台湾社会的影响力、吸引力，不断增强对两岸关系发展的牵引力、主导权，我们将不断向实现祖国完全统一的目标迈进。从根本上说，决定两岸关系走向的关键因素是祖国大陆发展进步。根据国际货币基金组织的统计，1980年，大陆生产总值约3030亿美元，台湾生产总值约423亿美元，大陆是台湾的7.2倍；2021年，大陆生产总值约174580亿美元，台湾生产总值约7895亿美元，大陆是台湾的22.1倍。国家发展进步特别是经济实力、科技实力、国防实力持续增强，不仅有效遏制了"台独"分裂活动和外部势力干涉，更为两岸交流合作提供了广阔空间、带来了巨大机遇，牵引着两岸关系沿着统一的正确方向不断前行。

两岸已经形成密不可分的命运共同体。近年来，尽管遭到民进党当局的百般阻挠，但在两岸同胞共同努力下，两岸民间交流走深走实，各领域交流合作不断推进，两岸融合发展持续深化。1992 年两岸贸易额仅 74 亿美元，2006 年突破 1000 亿美元，2018 年突破 2000 亿美元，2021 年再创新高，达 3283 亿美元，是 1992 年的 44 倍。自 1994 年至今，台湾地区累计在大陆设立企业 12.6 万个，实际使用台资达 717 亿美元。截至 2021 年底，享受 ECFA 优惠税率出口到大陆的台湾产品已有 1218.4 亿美元，关税优惠总额达 77.9 亿美元。与此同时，大陆始终秉持"两岸一家亲"理念，不断完善保障台湾同胞福祉和在大陆享受同等待遇的制度和政策。从惠台"31 条措施""26 条措施""11 条措施"到"农林 22 条措施"，再到福建省探索两岸融合发展新路、建设台胞台企登陆第一家园，一系列政策举措推动两岸融合发展不断深入、两岸交流合作提质增效。正是出于对"九二共识"的认同、对祖国大陆的向往、对两岸同胞走亲走近的期盼，越来越多的台湾同胞来到祖国大陆学习、工作、生活、创业，融入这片热土，实现人生梦想。"台独"是历史逆流，在统一历史大势面前，无异于螳臂当车、蚍蜉撼树，最终都会被历史的车轮碾压得粉碎。中国人不打中国人，我们愿意以最大诚意、尽最大努力争取和平统一的前景，但不承诺放弃使用武力，保留采取一切必要措施的选项，针对的是外部势力干涉和极少数"台独"分裂分子及其分裂活动，绝非针对台湾同胞。

第二十一届海峡青年论坛在福建厦门开幕。本届论坛以"青春同心创未来 携手打拼谋复兴"为主题，来自海峡两岸的知名学者、青年社团负责人及青年代表近 450 人齐聚一堂，共话两岸情。本届论坛首次由福建之外的其他省份青联牵头开展子论坛和延伸至全年的系列活动，有力提升海峡青年论坛活动影响力和覆盖面，辐射带动内陆和沿海省市积极参与两岸青年交流工作，构建全域参与、协同发力的工作格局。图为启动仪式现场

国际社会一个中国格局持续稳固。中国已经形成全方位、多层次、立体化的大国外交布局，日益走近世界舞台中央，国际影响力塑造力大幅提升。180 个多国家与中国建立外交关系，中国在国际上的"朋友圈"越来越大，"台独"势力四处碰壁、日暮途穷。2023 年 3 月 26 日，中国同洪都拉斯签署《中华人民共和国和洪都拉斯共和国关于建立外交关系的联合公报》。两国政府决定自公报签署之日起相互承认并建立大使级外交关系。洪都拉斯成为世界上第 182 个在一个中国原则基础上同中国建交的国家。至此，台湾地区的

所谓"邦交国"只剩下 13 个。蔡英文 2016 年上台以来，拒不承认"九二共识"，破坏了两岸"外交休兵"的默契，6 年多来已陆续有圣多美和普林西比、巴拿马、多米尼加、布基纳法索、萨尔瓦多、所罗门群岛、基里巴斯、尼加拉瓜、洪都拉斯 9 个国家先后与台湾当局"断交"，与大陆建立外交关系。目前，台湾地区的"邦交国"主要集中在拉丁美洲，包括伯利兹、圣基茨和尼维斯、巴拉圭、海地、危地马拉、圣文森特和格林纳丁斯、圣卢西亚 7 国，南太平洋岛国，包括图瓦卢、瑙鲁、马绍尔群岛、帕劳 4 国，非洲的斯威士兰，欧洲的梵蒂冈。中洪建交说明，一个中国原则越来越成为国际共识，与台湾地区"断交"，与中国建交是全球民心所向、大势所趋。近年来，中国相继和不少拉美国家建交或复交，狠狠打击了民进党当局的"台独"政策。未来"台独"分裂势力的路只会越走越窄，注定是死路一条。中洪选择在这个时间点建交，既是双方关系发展水到渠成的结果，更重要的是向"台独"势力和别有用心的外部势力传递出明确信号：任何打"台湾牌"搞"以台制华"的图谋，注定以失败告终，一个中国原则已成为国际压倒性共识。随着经济的发展，中国的综合国力和国际影响力与日俱增，中国对世界经济、政治的影响力越来越大，中国既是世界经济的重要引擎，也是国际政治的重要力量，越来越多的国家在一个中国原则下与中国建交，彼此互惠互利共同发展。美国出于私利阻止这些国家与中国建交，也就是阻止这些国家的发展，剥夺这些国家老百姓过上好日子的权利，理所当然地会遭到这些国家的反对。随着中国大陆发展壮大，美国阻挠中国大陆解决台湾问题的成本将越来越大，台湾挟洋自重的筹码会越来越小。事实再次表明，一个中国原则是国际大义、人心所向。

党的二十大报告强调，"我们坚持一个中国原则和'九二共识'，在此基础上，推进同台湾各党派、各界别、各阶层人士就两岸关系和国家统一开展广泛深入协商，共同推动两岸关系和平发展"。深入贯彻落实新时代党解决台湾问题的总体方略和党中央对台工作决策部署，坚持一个中国原则和"九二共识"，推动两岸关系和平发展；秉持"两岸一家亲"理念，尊重、关爱、造福台湾同胞，完善增进台湾同胞福祉的制度和政策，持续深化两岸融合发展；逐步恢复扩大两岸交流，同台湾各界人士交朋友，促进两岸同胞心灵契合；坚决反对"台独"分裂活动和外部势力干涉，坚决捍卫国家主权和领土完整；加强党对对台工作的全面领导，深入开展调查研究，推动对台工作高质量发展。

2023 年 5 月 9 日至 10 日，对台工作会议在北京召开。本次会议是在党的二十大后，大陆召开的一次重要的全国对台工作会议，具有承前启后，继往开来的重要意义。在具体工作的推进上，会议作出明确部署：

一要坚持一个中国原则和"九二共识"，推动两岸关系和平发展。始终坚持一个中国原则和"九二共识"是开展对台工作的首要政治原则和政治底线，这一点毫不含糊，决不动摇。

二要秉持"两岸一家亲"理念，尊重、关爱、造福台湾同胞，完善增进台湾同胞福祉的制度和政策，持续深化两岸融合发展。

三要逐步恢复扩大两岸交流，同台湾各阶层人士交朋友，促进两岸同胞心灵契合。两岸同根同源，血脉相连，两岸同胞始终是血浓于水的一家人。

四要坚决反对"台独"分裂活动和外部势力干涉，坚决捍卫国家主权和领土完整。

五要加强党对对台工作的全面领导，深入开展调查研究，推动对台工作高质量发展。

国家强大、民族复兴、两岸统一的历史大势，任何人任何势力都无法阻挡。在以习近平同志为核心的党中央坚强领导下，新时代对台工作必将展现全新气象，祖国统一进程必将阔步向前。

国家统一是中国历史发展的主流，是中国优秀的文化传统。海峡两岸的中国人，有着共同的血缘、共同的生活习尚、共同的文化、共同的心理素质，有愿意维系在一起的民族感情，这是任何力量都不能分割的。实现祖国统一，是海峡两岸人民的共同愿望。

台湾是中国一部分、两岸同属一个中国的历史和法理事实，是任何人任何势力都无法改变的！两岸同胞都是中国人，血浓于水、守望相助的天然情感和民族认同，是任何人任何势力都无法改变的！台海形势走向和平稳定，两岸关系向前发展的时代潮流，是任何人任何势力都无法阻挡的！国家强大、民族复兴、两岸统一的历史大势，更是任何人任何势力都无法阻挡的！

### 共创中华民族绵长福祉，共享民族复兴伟大荣光

"两岸同胞通过海峡论坛交流交友交心，厚植情谊、增进福祉，越走越近、越走越亲"，习近平总书记向第十五届海峡论坛致贺信，强调"希望海峡论坛为扩大两岸民间交流、深化两岸融合发展不断增添生机活力""希望两岸同胞共同把握历史大势，坚守民族大义，为推动两岸关系和平发展、推进祖国统一大业作出贡献，共创中华民族绵长福祉，共享民族复兴伟大荣光"。

两岸一家亲，共筑中国梦。党的十八大以来，以习近平同志为核心的党中央提出新时代解决台湾问题的总体方略，提供了新时代做好对台工作的根本遵循和行动指南。我们坚持一个中国原则和"九二共识"，推动两岸关系和平发展，促进两岸交流合作，造福两岸同胞，牢牢把握两岸关系发展主导权和主动权。作为两岸规模最大、范围最广、影响最深的民间交流盛会，海峡论坛始终坚持"民间性、草根性、广泛性"的定位，成为促进两岸各界广泛交往、推动两岸民间交流合作的重要平台。本届海峡论坛延续"扩大民间交流、深化融合发展"主题，彰显两岸交流强大民意基础，将促进民间合作取得丰硕成果，推动两岸融合发展道路越走越宽广。事实充分证明，秉持互利双赢，深化两岸经济社会融合发展，符合两岸同胞共同利益。两岸同胞对更加美好生活的共同追求，对两岸关系走近走好的一致向往，任何人都阻挡不了。

习近平总书记强调："中国式现代化新征程前景光明，国家好，民族好，两岸同胞才会好。我们将一如既往尊重、关爱、造福台湾同胞，持续促进两岸经济文化交流合作，深化两岸各领域融合发展，共同弘扬中华文化，促进两岸同胞心灵契合。"深化两岸融合发展，根本目的是要增进两岸同胞的亲情和福祉，实现两岸同胞对美好生活的向往。从不断提升两岸经贸合作畅通、基础设施联通、能源资源互通、行业标准共通，到持续完善保障台湾同胞福祉的制度和政策，努力为台湾同胞特别是台湾青年来大陆学习、就业、创业、生活创造良好条件，再到持续举办海峡青年节、海峡两岸民俗文化节、海峡旅游博览会等多种交流活动……在一系列以通促融、以惠促融、以情促融的政策举措推动下，两岸交流合作更加深入，共同利益更加广泛，掀开两岸融合发展新篇章。

大道之行、人心所向，势不可挡。习近平总书记指出："只要是有利于增进台湾同胞福祉的事，只要是有利于推动两岸关系和平发展的事，只要是有利于维护中华民族整体利益的事，我们会尽最大努力办好，使广大台湾同胞在两岸关系和平发展中更多受益，让我们所有中国人都过上更加美好的生活。"面向未来，我们推动两岸关系和平发展的方针政策不会改变，促进两岸交流合作、互利共赢的务实举措不会改变，团结台湾同胞共同奋斗的真诚热情不会减弱，制止"台独"分裂图谋的坚定意志不会动摇。两岸中国人、海内外中华儿女把握历史大势，坚守民族大义，相向而行、携手并进，共同推动两岸关系和平发展、推进祖国统一大业，定能共创中华民族绵长福祉，共享民族复兴伟大荣光。

中华民族伟大复兴进入了不可逆转的历史进程，实现祖国完全统一是全体中华儿女的共同愿望，是民族复兴的题中之义。"和平统一、一国两制"方针是实现两岸统一的最佳方式，对两岸同胞和中华民族最有利。新征程上，我们坚持团结广大台湾同胞，坚定支持岛内爱国统一力量，坚决反对"台独"分裂和外来干涉，维护两岸关系和平发展和台海和平稳定，持续扩大两岸交流合作，不断深化两岸融合发展，推动两岸同胞携手奋斗，共创祖国统一和民族复兴的美好未来。

（资料来源：《人民日报》2023 年 6 月 18 日）

### 阅读推荐

　　1. 习近平：《为实现民族伟大复兴推进祖国和平统一而共同奋斗》，人民出版社 2019 年版。

　　2. 国务院台湾事务办公室、国务院新闻办公室：《台湾问题与新时代中国统一事业》白皮书，人民出版社 2022 年版。

　　3. 全国干部培训教材编审指导委员会：《坚持"一国两制"推进祖国统一》，人民出版社 2019 年版。

 ### 思考题

　　1. "一国两制"的基本内涵是什么？为什么说"一国两制"是中国共产党人的一个伟大创举？

　　2. 如何理解"港人治港""澳人治澳"？

　　3. 阻碍台湾和平统一的主要因素是什么？新时代我们党关于台湾统一的基本立场是什么？

专题七

沧海横流显担当：成为世界经济的「稳定器」

2023 年全球经济将延续 2022 年的放缓趋势，呈现温和衰退；全球通货膨胀率有望下降，但仍将高于国际金融危机前的水平；受全球经济增速下滑、地缘政治冲突等影响，世界贸易前景也难言乐观。总体来看，2023 年全球经济仍面临不小的挑战，但调整过程同时孕育着复苏动力，各国需通过多边合作来加强经济协调，促进全球经济复苏。

人类生活在同一个地球村，生活在历史和现实交汇的同一个时空，越来越成为你中有我、我中有你的命运共同体。同一个世界，同一个梦想。中国的发展离不开世界，世界的发展也需要中国，唯有团结协作方能应对各种全球性风险与挑战。

# 一、世界经济形势素描

近年来，全球经济发展的速度越来越快，全球产业结构呈现出新领域和新的竞争格局，而数字化时代带来的新技术和新业态正在对全球经济产生深远影响。

## （一）全球经济衰退风险增加

2023年1月10日，世界银行发布的《全球经济展望》指出，全球经济增长处于急剧而持久的放缓进程之中，世界银行将2023年世界经济增长率预估值由6个月前的3.0%大幅下调至1.7%。

2023年1月16日，世界经济论坛2023年年会在瑞士达沃斯拉开帷幕。这是自新冠肺炎疫情发生以来世界经济论坛年会首次于冬季以线下方式举行，来自世界各地约2700名政界、商界、学界和媒体代表齐聚达沃斯，出席年会的政府代表更是达到创纪录的379位，从一个侧面反映了国际社会重振全球经济前景的普遍愿望。会上，就如何看待世界经济形势走向，相当比例代表持"非乐观"态度。正如会前发布的《2023年全球风险报告》指出，冲突和地缘经济矛盾已经引发一系列深度关联的全球风险。未来两年，能源和粮食供应不足将继续困扰世界，生活成本和偿债成本将急剧上升。会后，最新一期《首席经济学家展望》认为：从总体看，全球经济衰退风险增加，一方面经济衰退的预期加大，另一方面经济碎片化将拖累全球经济增长。通胀方面，目前全球通胀虽已有所放缓，但不同地区的前景差异较大。政策方面，面对全球增长疲软和通胀高企，经济政策制定面临取舍和历史性的挑战，货币政策制定者或面临两难选择。2023年能源粮食危机将有所缓解，但不应低估生活成本危机的持续影响。新格局下的全球商业活动将主要受以下因素拖累：需求疲软、借贷成本高、投入成本上升、人才短缺、监管和政策的不确定性以及供应链中断。在这些不利因素中，需求疲软、借贷成本上升和投入成本上升尤为突出。

2023年4月11日，国际货币基金组织（IMF）发布了最新的《世界经济展望报告》，将2023年世界经济增速将从2022年的3.4%下调至2.8%。报告认为，当前全球经济增长面临极大不确定性，世界经济前景迷雾重重。预计2023年许多经济体收入增长将放缓，失业率上升，发达经济体硬着陆风险加剧，约90%的发达经济体经济增速或放缓。

2023年5月18日，联合国《世界经济形势与展望》报告显示，随着新冠疫情的影响持续，全球经济复苏的前景依然黯淡。报告发现，在通胀率居高不下、利率上升和不确定性加剧，以及气候变化日益恶化的影响下，经济长期低增长的风险依然存在。对许多发展中国家来说，由于信贷条件收紧和外部融资成本上升，增长前景已经恶化。全球金融状况的迅速收紧给许多发展中国家和转型期经济体带来了重大风险。利率上升，加上发达经济体从量化宽松转向量化紧缩，加剧了债务脆弱性，并进一步限制了公共支出选择。报告预计，在非洲、拉丁美洲和加勒比地区，2023年人均国内生产总值（GDP）只会略微增长，这将加剧经济表现停滞的长期趋势。最不发达国家将在2023年增长4.1%，2024年增长5.2%，远低于《2030年可持续发展议程》设定的7%的增长目标。

相关链接
全球连线｜世界经济论坛
呼吁携手应对多重挑战

## （二）推动全球经济增长的积极因素

在发达经济体受加息困扰、动力减弱之际，2023年新兴经济体对世界经济的贡献则可能增强。特别是中国经济的强劲增长将带来巨大溢出效应，中国将成为推动2023年世界经济增长的重要动力。

2023年3月，中国发展高层论坛2023年年会围绕"如何看待当前中国经济发展态势和全年5%左右的增长目标""中国经济如何破浪前行""迈向高质量发展的中国，将给世界带来哪些机遇与合作"等展开研讨。渣打集团行政总裁温拓思认为，中国经济的回暖快于市场预期，各项政策对经济的拉动作用明显。中国经济在短时间内有如此表现，增强了国际投资者的投资信心。中央财经委员会办公室分管日常工作的副主任韩文秀指出，政府工作报告将2023年中国经济预期增长目标定为5%左右。从目前发展势头看，实现这一目标是有把握的。国际货币基金组织总裁格奥尔基耶娃认为，中国5%左右的增速目标，除了直接促进全球经济增长外，中国GDP增速每提高1个百分点，就会使其他亚洲经济体的平均GDP增速提高0.3个百分点，这种提振令人欣喜。

2023年5月11日，国际货币基金组织（IMF）发布的《亚太地区经济展望》报告预计，2023年中国经济有望增长5.2%，对全球经济增长的贡献将达

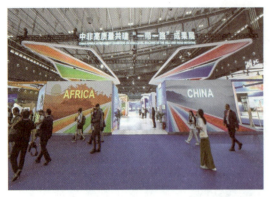

2023年6月29日，第三届中国—非洲经贸博览会暨中非经贸合作论坛在湖南长沙开幕。中非高质量共建"一带一路"成果展亮相。作为中非关系的"压舱石"和"推进器"，中非经贸合作规模持续扩大、领域逐步拓宽、方式不断创新。图为在长沙国际会展中心，参会嘉宾参观中非高质量共建"一带一路"成果展

34.9%，中国继续成为亚太地区及全球经济增长引擎。报告还预测，亚太不同经济体的表现将出现分化。亚太地区发达经济体增长会放缓至1.6%，其中，澳大利亚、日本、韩国经济分别增长1.6%、1.3%和1.5%；新兴市场和发展中经济体增速将从2022年的4.4%提高至5.3%。欧洲智库布鲁盖尔研究所发布报告称，十年来，"一带一路"倡议经受住多重挑战和考验，尽管新冠疫情、西方炒作抹黑等因素给"一带一路"带来挑战，但从中亚到撒哈拉以南非洲，再到中东北非等地区，广大发展中国家对"一带一路"的报道基调始终正面积极，"显示发展中国家对'一带一路'的感情难以被撼动"。

如今，中国不断加强与亚非拉广大地区经贸联系，彼此间相互促进共同增长的良性循环更加顺畅，这对于应对危机、促进全球经济更加健康增长意义尤其重大。

2023年5月30日，中国国际贸易促进委员会对外发布的《2023年第一季度中国外资营商环境调研报告》显示，随着中国营商环境不断优化，产业链供应链体系愈加完善，跨境往来更加便利，经济活力加速释放，外资企业持续看好中国经济发展前景，超八成受访外资企业预期2023年在华投资利润率将持平或有所增加，超九成受访企业预计未来5年在华投资利润持平或有所增加。

世界银行2023年6月6日发布的最新《全球经济展望》报告显示，2023年中国经济将增长5.6%，较1月的预测上调1.3个百分点。报告说，2023年中国经济增长强劲，零售额大幅上涨，工业生产增长温和回升，中国经济的强劲复苏提振了地区经济增长。

通过上述梳理可以看出，一方面，世界银行、国际货币基金组织等频繁调整世界增长预期，说明全球经济依然处于不稳定状态，各种不确定性叠加，增加了预判的难度；另一方面，世界普遍认为，中国经济强劲反弹，这对全球经济来说是重大利好，对中国经济充满了信心，认为中国经济高质量发展将成为全球经济增长的关键引擎。

知识链接

　　中亚地区是"一带一路"的首倡之地，是高质量共建"一带一路"示范区。"我的家乡陕西，就位于古丝绸之路的起点。站在这里，回首历史，我仿佛听到了山间回荡的声声驼铃，看到了大漠飘飞的袅袅孤烟。"2013年9月，习近平主席在哈萨克斯坦发表演讲，提出共同建设"丝绸之路经济带"，中亚地区成为"一带一路"的首倡之地。10年来，中国和中亚国家积极推进发展战略对接，高质量共建"一带一路"取得丰硕成果。在陕西省西安市举行的中国—中亚峰会，进一步凝聚中国和中亚国家高质量共建"一带一路"的共识，助力双方继续做共建"一带一路"的先行者。中亚地区是高质量共建"一带一路"示范区。各方积极推进共建"一带一路"倡议同本国发展战略对接，开展高效合作，成功建成一大批互利共赢的合作项目，广泛惠及地区各国人民。中国同中亚国家关系高水平发展，为双方共建"一带一路"提供重要政治保障。民心相通是"一带一路"建设的重要内容，也是"一带一路"建设的人文基础。共建"一带一路"已经成为推动构建人类命运共同体的重要引擎，当前，中亚国家携手中国高质量共建"一带一路"的愿望更为强烈。在古丝绸之路的起点西安，中国和中亚国家将乘着中国—中亚峰会的东风，继续携手打造高质量共建"一带一路"的金字招牌，为构建更加紧密的中国—中亚命运共同体作出新的更大贡献。

## 二、中国经济态势分析

　　2023年6月15日，国家统计局发布5月份国民经济运行情况。数据表明，当前国内经济恢复向好。尽管当前市场需求有所不足、内生动力有待增强，一些结构性问题比较突出，但这些压力和挑战不会改变我国经济长期向好的大势。理性地分析自身的优势和看中国经济形势，不但要看准当前的"形"，更要看清长远的"势"，不但要理性看待机遇，还要敢于直面挑战，抓住"战略机遇期"，随着宏观经济政策效应持续显现，市场需求逐步恢复，供给结构不断调整，实现弯道超车。

### （一）机遇：中国经济韧性强、潜力大，政策空间充足

　　习近平总书记在2022年12月召开的中央经济工作会议上明确指出，"我国经济韧性强、潜力大、活力足，各项政策效果持续显现……要坚定做好经济

工作的信心"。2022年，我国全部工业增加值突破40万亿元大关，占GDP比重达到33.2%，其中制造业增加值占GDP比重为27.7%，制造业规模连续13年居世界首位。65家制造业企业入围2022年世界500强企业榜单，"专精特新"中小企业达到7万多家。高技术制造业占规模以上工业增加值比重15.5%，装备制造业占规模以上工业增加值比重31.8%。新能源汽车、光伏产量连续多年保持全球第一。传统产业改造升级加快，已培育45个国家先进制造业集群。此外，数字基础设施加快建设。我国已建成全球规模最大、技术领先的移动通信网络。全

相关链接
中国为世界经济复苏和增长提供持续动力

国在用数据中心机架总规模超过650万标准机架，算力总规模位居世界第二。重点工业企业关键工序数控化率达到58.6%，数字化研发设计工具普及率达到77%。2023年4月18日，中国经济首季报出炉。据初步核算，一季度国内生产总值284997亿元，按不变价格计算，同比增长4.5%，比上年四季度环比增长2.2%。农业（种植业）增加值同比增长3.6%；全国规模以上工业增加值同比增长3.0%，比上年四季度加快0.3个百分点；服务业增加值同比增长5.4%，比上年四季度加快3.1个百分点；社会消费品零售总额114922亿元，同比增长5.8%；全国居民消费价格（CPI）同比上涨1.3%；全国城镇调查失业率平均值为5.5%，比上年四季度下降0.1个百分点；全国居民人均可支配收入10870元，同比名义增长5.1%，比上年全年加快0.1个百分点。面对严峻复杂的国际环境和艰巨繁重的国内改革发展稳定任务，2022年全年、2023年一季度经济仍能"稳"且"好"，再次证明了"中国经济韧性强、潜力足、长期向好的基本面没有改变"。稳定的产业链供应链，超大规模的国内市场和强大的内需潜力，拥有巨大优势和潜能的科技创新，共同支撑起中国经济的强大韧性。

什么是"韧性"？从物理学角度来看，"韧性"是相对于"刚性"而言的，指的是物体在承受应力时对折断的抵抗，韧性越好，发生脆性断裂的可能性越小。经济学家将其引申应用到经济活动中，"经济韧性"就是指一个经济体有效应对外部干扰、抵御风险冲击，实现经济自主、可持续发展的能力，集中体现了一个国家经济的基本面。在外部干扰、风险和危机的冲击下，如果经济仍能逆势增长和发展，则被认为是有韧性的或良好的，反之亦然。历史证明，无论是1998年亚洲金融危机，2003年SARS，还是2008年美国次贷危机，中国都是全球表现最好的经济体之一，这其中的关键就是中国经济韧性强、潜力足、回旋余地大，足够支撑起中国经济的可持续发展的信心和底气。

### 1. 产业韧性强

习近平总书记指出："产业链、供应链在关键时刻不能掉链子，这是大国经济必须具备的重要特征。"新中国成立以来，在一穷二白的工业发展基础上，建立起独立的、比较完整的、有相当规模与技术水平的工业化体系。改革开放以来，我国工业体系长足进步，逐渐发展成为全球最完整、规模最大的工业体系，成为全世界唯一拥有联合国产业分类中全部工业门类的国家（我国拥有41个工业大类、207个工业中类、666个工业小类）。伴随着全球化趋势，我国全面融入全球供应链中，与世界经济紧密连接，"世界工厂"的地位

近年来，海南利用自贸港"零关税"、加工增值免关税等政策，引进新能源汽车设计、组装制造、电池回收等项目，进一步补链强链，完善新能源汽车的产业生态。图为在海马汽车海口基地的生产车间，工作人员在新能源车生产线上作业

十分稳固。尤其是近年来，国家有意识地不断升级"中国制造"，打造"中国智造""中国创造"，国家级制造业创新中心布局建设，产业基础再造工程实施，关键产业链补链强链专项行动开展，一大批"链主"企业和"专精特新"中小企业加速崛起，形成了上下游协同完备的供应链网络效应，增强了对单个企业进入供应链网络的吸引力。同时，工业体系中规模庞大、分布广泛的微观主体构成了复杂、有机结构，在面对外部冲击时形成风险分散机制，具有自我修复能力。

### 2. 市场韧性强

我国具有扩大内需的独特优势，是世界第二大消费市场、第一大网络零售市场，拥有包括4亿多中等收入群体在内的14亿多人口所形成的超大规模内需市场。从居民消费需求来看，需求层次丰富——既有量大面广的生存型消费需求，又有追求高品质、个性化的发展型消费需求；从产业需求来看，有利于降低企业创新成本与经营成本，依托超大规模市场优势，为国内企业在竞争中成长为跨国企业提供丰厚土壤。这有利于发挥我国大国经济的本土市场效应，形成对全球高端要素资源的强大吸引力，规模优势显著。事实也确实如此，据统计，过去五年，我国GDP年均增长5.2%，明显高于同期世界平均增速，经济实力、科技实力、综合国力以及人民生活水平日益提升。正如习近平总书记指出的，"让中国市场成为世界的市场、共享的市场、大家的市场，为国际社会注入更多正能量"。同时利用规模优势不断促进结构优化升级，形成需求牵引供

给、供给创造需求的更高水平动态平衡，进而更加扩展我国经济的全球连接广度和提高应对外部冲击的较大回旋能力。

### 3. 回旋空间大

我国国土空间辽阔，不同地区要素禀赋及经济发展状况存在较大差异。尤其是区域之间、城乡之间表现较为突出。由此也引发了区域、城乡发展不协调、不充分的问题，这是我们国家治理的一个着力点和痛点。如何将劣势转为优势，化被动为主动？党的十八大以来，以习近平同志为核心的党中央先后出台了多项战略举措来实现区域协同发展。习近平总书记在《推动形成优势互补高质量发展的区域经济布局》一文中强调："不能简单要求各地区在经济发展上达到同一水平，而是要根据各地区的条件，走合理分工、优化发展的路子"，要"按照客观经济规律调整完善区域政策体系，发挥各地区比较优势，促进各类要素合理流动和高效集聚，增强创新发展动力，加快构建高质量发展的动力系统，增强中心城市和城市群等经济发展优势区域的经济和人口承载能力，增强其他地区在保障粮食安全、生态安全、边疆安全等方面的功能，形成优势互补、高质量发展的区域经济布局"。比如，在区域互动发展中，东部沿海发达地区过剩产业或成熟产品线转移至中西部欠发达地区，一方面，可以通过疏解促提升，实现产业优化配置，另一方面又为东部沿海地区企业创造了新的利润增长点，同时，又为中西部欠发达地区塑造新的经济发展引擎创造契机，使得不同要素能够最大限度地发挥自己的功能与效应，从而缩小区域差距并加快技术创新速度，促进中西部地区向发达地区收敛。据统计，2021年，中部和西部地区生产总值分别达到25万亿元、24万亿元，与2012年相比分别增加13.5万亿元、13.3万亿元，占全国的比重由2012年的21.3%、19.6%提高到2021年的22%、21.1%。中西部地区经济增速连续多年高于东部地区。东部与中西部人均地区生产总值比分别从2012年的1.69、1.87下降至2021年的1.53、1.68，东西部差距持续缩小，区域发展的协调性逐步增强。

### 4. 科技创新驱动潜力大

科技是第一生产力，创新是第一动力。科技创新是数字时代的发展灵魂和源源动力。加快实现高水平科技自立自强，是推动高质量发展的必由之路。在激烈的国际竞争中，我们要开辟发展新领域新赛道、塑造发展新动能新优势，从根本上说，还是要依靠科技创新。我们能不能如期全面建成社会主义现代化强国，关键看科技自立自强。党的十八大以来，党中央高瞻远瞩、运筹帷幄，提出创新驱动发展战略，要求加快建设创新型国家，坚持创新在中国特色社会主义现代化建设全局中的核心地位。经过多年努力，科技创新驱动显著。我国内地在世界知识产权组织发布的《2022年全球创新指数报告》中排名提升至全球第11位离前10名仅一步之遥，连续10年稳步提升，位居中等收入经济体之首。数据显示，2022年，我国知识产权创造质量稳步提升。全年授权发明专利79.8万件，每万人口高价值发明专利拥有量达到9.4件。我国知识产权运用效益更加凸显。专利密集型产业增加值达到14.3万亿元（2021年值），同比增长17.9%，占GDP比重达到12.44%。全社会研发经费投入连续7年保持两位数增长，2022年投入总量迈上3万亿元新台阶，投入强度跃上2.55%的新高度，超过法国、荷兰等创新型国家，进一步接近经济合作与发展组织（OECD）国家平均水平。2023年一季度科技创新释放新动能，信息服务业、科技成果转化服务业投资分别增长21.3%、19.0%，新能源汽车、太阳能电池、工业机器人产量分别增长140.8%、24.3%、10.2%。但同时也要看到，相对于瑞士、美国等创新强国，我们在"人均"上还存在明显短板，没有将人口大国转变为人才大国、人才强国，科技赋能、创新动力没有真正发挥出来，潜力依然巨大。

### （二）面临的挑战

中国经济虽然在2023年一季度实现了"开门红"，取得了一定成绩，但也面临着诸多挑战。如何平衡稳增长和防风险，如何调整结构和转型升级，如何应对内外交困和不确定性，是中国政府和社会需要思考和解决的重大课题。

#### 1. 经济总量规模较大，未来增长难度可能更大

经过改革开放40多年的发展，我国经济发展已经取得了巨大成绩，逐渐建立起具有中国特色的社会主义市场经济体制，尤其是党的十八大以来，我国经济发展平衡性、协调性、可持续性更是明显增强，国内生产总值突破百万亿元大关，人均国内生产总值超过一万美元，我国成为世界第二大消费市场、制造业第一大国、货物贸易第一大国、外汇储备第一大国，国家经济实力、科技实力、综合国力跃上新台阶。作为超大型经济体，经济增长范式和过去大中型或中小型经济体相比将有本质区别。经济规模越大，增长难度随之增加。也就是说，当一个国家的经济发展水平达到一定高度以后，它的GDP增长速度便会逐渐降低，今天，中国经济每增长一个百分点，对发展大局的影响更加深远，对世界经济发展的贡献巨大，但也意味着我们需要付出更多的努力。

#### 2. 产业结构升级换代，由高速度转向高质量

评价中国经济，既看速度、看增量，更应看质量。从高速增长转向高质量发展，"不再简单以GDP增长率论英雄"。习近平总书记反复强调，现阶段，我国经济发展的基本特征就是由高速增长阶段转向高质量发展阶段。实现高质量

乌鲁木齐国际陆港区作为丝绸之路经济带核心区建设着力打造的标志性工程，按照"集货、建园、聚产业"的发展思路，已发展成乌鲁木齐乃至新疆对外开放和经济发展的重要增长极。图为货车从中欧班列（乌鲁木齐）集结中心驶出

发展，是保持经济社会持续健康发展的必然要求，是适应我国社会主要矛盾变化和全面建设社会主义现代化国家的必然要求。随着从高速增长向高质量发展迈进，我国经济正在开启新的时代，传统的粗放型增长模式将会被加快淘汰，高新技术、数字经济、消费升级等将成为新的经济增长点。当下，围绕着质量变革，我国正在展开一场从理念、目标、制度到具体领域工作细节的全方位变革。我们需要围绕效率变革，着力破除制约效率提升的各种体制机制障碍，打破行政性垄断、推动要素价格的市场化，加快实体经济、金融、对外开放等领域的效率提升；围绕动力变革，拉动中国经济增长的动力，从传统要素驱动向创新驱动转变……变革总要经历阵痛，变革越深阵痛越强。

### 3. 亟需提高投资效率，优化投资结构

投资是国内需求的重要组成部分，扩大投资是扩大内需的重要抓手，也是推动经济健康运行的重要力量。改革开放后的前几十年，中国的经济飞速发展主要侧重于经济体量规模的增长，而经济体量规模的增长偏重于以粗放式投资驱动经济增长，实践证明，这种策略效果是显著的，大量基础设施建设和配套工程建设为工业化和制造业发展创造了有利条件。但随着新发展理念的贯彻落地，高质量发展已经成为我国全面建设社会主义现代化国家的基本方略，传统的粗放式投资驱动经济增长明显不合时宜，急需提高投资效率，优化投资结构。党的二十大报告进一步明确了扩大内需对我国经济长期平稳健康发展的重要作用。党中央、国务院印发了《扩大内需战略规划纲要（2022—2035年）》，把"优化投资结构，拓展投资空间"放在重要位置，指出"着力提高投资效率，促进投资规模合理增长、结构不断优化，增强投资增长后劲"。国家发展改革委印发的《"十四五"扩大内需战略实施方案》，围绕扩大内需战略主要目标，坚持问题导向，细化落实举措，与《扩大内需战略规划纲要（2022—2035年）》共同形成战略、任务、措施成体系的可操作的政策安排，着力破解"有效"二字，提高投资效率，优化投资结构，进一步聚焦经济社会发展存在的短板领域和转型升级中的薄弱环节，科学论证，有序推进，释放投资潜能。

#### 4. 人口红利逐渐"消退"，突出人才红利

改革开放后的前几十年，我们利用人口红利建立了"世界工厂"，早期大量廉价的劳动力资源成为比较优势，为驱动我国经济增长作出了重要贡献。尤其是产业发展初期，庞大的"农民工"群体逐渐成长为产业工人，对于劳动密集型产业、城市化建设大有裨益。当前和今后一个时期，我国人口基数大、人口众多的基本国情没有改变，仍然是人口和劳动力庞大的发展中国家。2022 年末我国劳动年龄人口总量约 8.8 亿人，劳动参与率在世界上较高，劳动力资源依然丰富，且大龄劳动力数量有所减少，青年劳动力数量稳中有增。但不可否认的是，过去 20 年来中国的人口老龄化问题日益突出，出生率持续下降。第七次全国人口普查数据显示，中国总和生育率约 1.3%，显著低于高收入国家的平均水平。2022 年中国 65 岁以上人口占比已经达到 14.9%，人口自然增长率从 2000 年的 7.6% 下降至 -0.6%，首次出现负增长。如何跨越"未富先老"困境和"中等收入陷阱"是未来必须解决的难题。必须用好制度红利激活人才红利和长寿红利，着力提高人口整体素质，以人口高质量发展支撑中国式现代化，毕竟决定经济长期增长潜力的不是人口总量，而是人力资源。

#### 5. 世界进入新的动荡变革期，外部发展环境更加复杂

当今世界，国际力量对比和全球格局正在经历深刻演变，世界多极化、经济全球化、国际关系民主化潮流势不可当。同时，单边主义、保护主义、霸权主义依然横行，世界进入新的动荡变革期。从全球看，乌克兰危机延宕发酵、世界经济增长乏力、全球贸易受到冲击等严峻复杂的外部环境，给我国经济带来的影响在加深；从国内看，经济恢复基础尚不牢固，需求收缩、供给冲击、预期转弱三重压力仍然较大，产业链供应链运行不畅、企业生产经营活动受阻、科技创新能力不强等问题依旧存在。这就要求我们既要把握世界多极化加速推进的大势，又要重视大国关系深入调整的态势；既要把握经济全球化持续发展的大势，又要重视世界经济格局深刻演变的动向；既要把握国际环境总体稳定的大势，又要重视国际安全挑战错综复杂的局面；既要把握各种文明交流互鉴的大势，又要重视不同思想文化相互激荡的现实。

## 三、中国经济在"强身健体"中行稳致远

面对新的国内外形势，中国经济要想行稳致远，必须要以习近平新时代中国特色社会主义思想为指导，全面贯彻落实党的二十大精神，扎实推进中国式现代化，坚持稳中求进工作总基调，完整、准确、全面贯彻新发展理念，加快

形成以国内大循环为主体、国内国际双循环相互促进的新发展格局，着力推动高质量发展，为全面建设社会主义现代化国家开好局起好步。

## （一）立足国内大循环

我国 14 亿多人口整体迈进现代化社会，规模超过现有发达国家人口的总和，其艰巨性和复杂性前所未有。党的二十大报告明确指出："我们要坚持以推动高质量发展为主题，把实施扩大内需战略同深化供给侧结构性改革有机结合起来，增强国内大循环内生动力和可靠性，提升国际循环质量和水平，加快建设现代化经济体系，着力提高全要素生产率，着力提升产业链供应链韧性和安全水平，着力推进城乡融合和区域协调发展，推动经济实现质的有效提升和量的合理增长。"

### 1. 必须坚持扩大内需

形成强大国内市场，是我国加快构建新发展格局的重要支撑，也是大国经济的优势所在。统计数据显示，我国的消费支出占 GDP 比重在 2011—2021 年间平均为 53.4%，与世界银行发布的发达国家最终消费支出占 GDP 比重 80% 以及发展中国家占 70% 以上的数据相比仍有较大差距。2022 年 12 月 15 日至 16 日召开的中央经济工作会议，多次提到"内需"。值得关注的是，本次会议指出 2023 年要抓好的五个方面重点工作，其中"着力扩大国内需求"被摆在首位。改革开放以来特别是党的十八大以来，我国在深度参与国际产业分工的同时，不断提升国内供给质量水平，着力释放国内市场需求，促进形成强大国内市场，内需对经济发展的支撑作用明显增强。但也要看到，总需求不足仍是当前经济运行面临的突出矛盾。我国有 14 亿多人口，低收入居民、中等收入居民以及高收入居民消费的有效需求均不足，消费潜力尚未被充分激发。必须大力实施扩大内需战略，加快培育完整的内需体系，可以通过促进实物消费不断提档升级，推进服务消费持续提质扩容，引导消费新模式加快孕育成长，推动农村居民消费梯次升级；完善有利于提高居民消费能力的收入分配制度，增加低收入群体收入，扩大中等收入群体；构建公平开放的市场环境，加大生活性服务领域有效有序开放力度，逐步放宽放开对外资的限制；健全消费政策体系，进一步研究制定鼓励和引导居民消费的政策；逐步建立综合和分类相结合的个人所得税制度等。充分利用国内超大规模、多层次、多元化的内需市场，不断提升大众的消费能力，充分发挥消费的基础作用。

### 2. 深化供给侧结构性改革

供给侧管理和需求侧管理是调控宏观经济的两个基本手段。需求侧管理重在解决总量性问题，注重短期调控，主要是通过调节税收、财政支出、货币信贷等来刺激或抑制需求，进而推动经济增长。供给侧管理重在解决结构性问题，注重激发经济增长动力，主要通过优化要素配置和调整生产结构来提高供给体系质量和效率，进而推动经济增长。供给和需求是市场经济内在关系的两个基本方面，是既对立又统一的辩证关系。没有需求，供给就无从实现，新的需求可以催生新的供给；没有供给，需求就无法满足，新的供给可以创造新的需求。把实施扩大内需战略同深化供给侧结构性改革有机结合起来，是挖掘我国超大规模市场潜力、实现高质量发展的治本之策。长期以来，我们更习惯于通过加大投资、鼓励消费、扩大出口等方式扩大需求，继而拉动经济增长。从经济学上看，这属于最常见的需求侧管理。当中国经济增长的主要制约矛盾已不在需求侧，特别是供需关系出现结构性错位时，就必须及时从生产端、供给侧入手。党的十八大以来，以习近平同志为核心的党中央深刻洞察国际国内形势变化、科学把握发展规律和我国现阶段经济运行主要矛盾，作出了深化供给侧结构性改革的重大决策部署。新形势下，统筹扩大内需战略与深化供给侧结构性改革，要把两者统一到提升供给结构与有效需求的适配性上来，统一到挖掘我国超大规模市场潜力与高质量发展的要求上来，解决"好不好""优不优"的问题，推动有效需求和有效供给，实现国民经济良性循环。

### 3.加快科技自立自强

科技自立自强是确保国内大循环畅通、塑造我国在国际大循环中新优势的关键。要增强责任感和危机感，丢掉幻想，正视现实，打好关键核心技术攻坚战，加快攻克重要领域"卡脖子"技术。要充分激发人才创新活力，全方位培养、引进、用好人才，造就更多国际一流的科技领军人才和创新团队，培养具有国际竞争力的青年科技人才后备军。要为科学家和留学生回国从事研究开发、学习、工作和生活提供良好环境和服务保障，让他们人尽其才、才尽其用、为国效力。

图为2023年2月6日，工作人员在位于呼和浩特市的国家乳业技术创新中心包装材料研发实验室对聚酯瓶进行相关测试。该中心已开发出高性能包装阻隔材料，材料可以更好地起到阻光阻氧作用，提升包装对乳业产品的保护性能。新型阻隔材料的开发打破了国外的技术垄断，解决了包装应用领域的关键难题

## （二）畅通国内国际双循环

党的二十大报告及2022年中央经济工作会议均提出要"提升国际循环质

量和水平"。习近平总书记在中共中央政治局第二次集体学习时强调，"要进一步深化改革开放，增强国内外大循环的动力和活力"。"提升国际循环质量和水平"，是对我国当前对外开放新形势的客观、理性、精准判断，为我们更好统筹国内循环和国际循环、构建新发展格局提供了重要遵循。

在此，我们要厘清两个问题。第一个问题是，立足"国内大循环"的意义更多在于"防风险"和"补短板"，重点保障极端情况下的国内生产链和供应链稳定运行，并非摒弃国际分工，更不意味着中国对外开放战略的转向。相反，我们要充分认识到经济全球化和区域经济一体化进程仍然是大势所趋，开放是国家繁荣发展的必由之路。回顾历史，从丝绸之路到大航海时代，再到当下的国际贸易分工体系，尽管全球化会遇到诸多障碍，但全球贸易始终是一个不可阻挡的历史发展趋势。对于我国而言，在向第二个百年奋斗目标迈进的新征程上，在全面建设社会主义现代化国家的新起点上，我们绝不能闭门造车，而要坚定不移推进高水平对外开放，在开放中创造机遇、在合作中破解难题，通过重塑国际产业链、贸易链布局使其更好地为国内循环服务，以高水平开放更有力促改革促发展，这也是"国内国际双循环"的应有之义。

第二个问题是，畅通国内国际双循环，不在于卖出多少东西，而在于学到多少知识和技术。改革开放40多年来，我们已深度融入国际循环，逐渐成为全球重要经济体，在全球价值链中占据重要位置，对促进经济发展起到重要作用。近年来随着国际国内形势的变化，推进高质量发展过程中遇到一些新问题、新挑战，存在不少"卡点""堵点"。比如，当前中国主要出口商品仍以劳动密集型产品为主，而随着我国人口红利的消失以及越南、印度、菲律宾等地区的劳动力成本优势逐渐凸显，"中国制造"也需要通过技术创新和产业升级加大"中国制造"的技术附加值，占据供应链上游的主导地位，形势紧迫，任务艰巨。比如，我国在科技领域尤其是互联网领域关键核心技术仍受制于人。一个互联网企业即便规模再大、市值再高，如果核心元器件严重依赖外国，供应链的"命门"掌握在别人手里，那就好比在别人的墙基上砌房子，再大再漂亮也可能经不起风雨，甚至会不堪一击。化解这些"成长的烦恼"，既要靠自立自强，同时也要利用好国际资源，走好国际路线，如国内产业资本可以"走出去"收购国外高新技术和战略资产，将其"引进来"，融入和强化中国的产业链和创新链，促进我国自身技术进步和产业发展。

见"习"日记

纵观全球，发达国家和新兴经济体都把吸引和利用外资作为重大国策，招商引资国际竞争更加激烈。我们要推进高水平对外开放，依托我国超大规模市场优势，以国内大循环吸引全球资源要素，既要把优质存量外资留下来，还要把更多高质量外资吸引过来，提升贸易投资合作质量和水平。

一是扩大市场准入。要合理缩减外资准入负面清单，加大现代服务业领域开放力度，发挥好自由贸易试验区、海南自由贸易港、各类开发区和保税区等开放平台的先行先试作用，已宣布的外资准入政策要抓紧落地见效。

二是全面优化营商环境。要落实好外资企业国民待遇，促进公平竞争，保障外资企业依法平等参与政府采购、招投标、标准制定，加大知识产权和外商投资合法权益的保护力度。要积极推动加入《全面与进步跨太平洋伙伴关系协定》（CPTPP）和《数字经济伙伴关系协定》（DEPA）等高标准经贸协议，并主动对照相关规则、规制、管理、标准，深化国内相关领域改革。

三是有针对性做好外资企业服务工作。要加强同外商沟通交流，为外商来华从事贸易投资洽谈提供最大程度的便利，同时也要推动经贸人员常态化走出去招商引资。

——2022 年 12 月 15 日，习近平总书记在中央经济工作会议上的讲话

## （三）培育我国参与国际合作和竞争新优势

立足国内大循环、畅通国内国际双循环是党中央积极应对世界百年未有之大变局和当前国内外经济形势变化的战略之举，对于推动我国经济行稳致远、实现经济高质量发展具有重大意义。"增强国内大循环内生动力和可靠性"与"提升国际循环质量和水平"，二者是相辅相成、相互促进的。提升国际循环质量和水平有利于增强国内大循环内生动力和可靠性，同样，增强国内大循环内生动力和可靠性，吸引和配置全球资源要素，培育国际竞争新优势，是提升国际循环质量与水平的重要基础和不可或缺的重要环节。

其中的关键，一要加快提升国内供应链供给能力。这是稳固国内大循环主体地位、增强在国际大循环中带动能力的迫切需要。二要提高全球要素资源布控能力。国际供应链是优质要素资源的重要供给源，也是国际循环赋能国内循环发展的重要载体。三要积极释放国内需求潜能。市场资源是我国的巨大优势，必须充分利用和发挥这个优势，不断巩固和增强这个优势，形成构建新发展格

局的雄厚支撑。四要加快建设全国统一大市场。这既是推进深层次改革、促进我国市场由大到强转变的主动选择，也是畅通经济循环、推动高质量发展的客观要求。五要积极推动制度型开放。利用制度层面的双向互动，实现国内国际双循环更高层次的结合。六要牢牢守住安全发展这条底线。这是构建新发展格局的重要前提和保障，也是畅通国内大循环的题中应有之义。

### 共同引领世界经济沿着正确轨道向前发展

世界经济正处于十字路口，国际社会只有加强协调合作，才能提升世界经济的抗风险能力。大国尤其要做出表率，以实际行动维护世界经济体制、规则、基础的稳定。

联合国、国际货币基金组织等发布报告指出，受美欧等主要经济体实施紧缩性货币政策、地缘政治形势紧张、粮食和能源危机持续等诸多因素影响，2023年世界经济下行压力增大、衰退风险上升。面对重重挑战，国际社会迫切需要提升全球经济治理效能，主要经济体尤其要加强宏观经济政策协调，共同致力于维护开放型世界经济，合力推动疫后经济复苏行稳致远。

平衡好治理通胀和稳定增长的关系是2023年世界经济面临的一项突出挑战。有关报告认为，困扰美欧等发达经济体的高通胀问题2023年难有根本好转，这些经济体的紧缩性货币政策将延续，经济衰退风险将随之加大。国际货币基金组织指出，2023年世界经济增速下降的原因主要在于发达经济体，其增长率预计将从2022年的2.7%大幅下降至1.2%。发达经济体维持通货紧缩将产生负面外溢效应，有可能给新兴市场国家和发展中国家制造更大的债务和金融风险。

个别国家愈演愈烈的单边主义和保护主义政策，是世界经济面临的另一项主要挑战。一段时间以来，个别对世界经济具有重要影响的大国出于政治目的，屡屡实施违背市场规律、阻碍发展合作的不负责任政策。国际社会担心，如果任由这种做法蔓延，原本就复苏乏力的世界经济将面临更大风险。国际货币基金组织测算，如果陷入严重的贸易碎片化，其长期成本将占全球产出的7%；如果加上技术脱钩，一些国家的损失可能高达国内生产总值的12%。国际货币基金组织总裁格奥尔基耶娃提醒人们，经济一体化已经帮助数十亿人变得更富有、拥有更好的健康和接受更好的教育，"这一和平与合作的红利不该被浪费"。

事实已经说明，大国切实承担自身责任，加强彼此间协调合作，对于世界经济在风浪中平稳前行至关重要。美国前财长保尔森日前撰文指出，2008年国际金融危机期间，正是依靠大国协调以及二十国集团机制发挥作用，世界才避免了"另一次大萧条"。目前，国际社会普遍希望个别大国能尽快找回应有的责任感，切实为促进世界经济强劲、可持续、平衡、包容增长发挥建设性作用。

世界经济正处于十字路口，国际社会只有加强协调合作，才能提升世界经济的抗风险能力。在通胀治理问题上，需要看到本轮通胀属复合型通胀，成因复杂，除了需求侧因素外，应当推动国际合作，在供需两端同时发力，同步修复产业链供应链，高度重视能源安全、粮食安全。在治理通胀过程中，发达经济体应减少货币政策调整的负面外溢效应，切实维护国际金融稳定。建设开放型世界经济符合国际社会共同利益，各方需要明确共识、携手行动，大国尤其要做出表率，以实际行动维护世界经济体制、规则、基础的稳定，而不能带头阻挠国际经济合作，分裂世界经济。

纵观世界经济运行历史，"危"与"机"总是相伴而至。在有效应对各项风险的同时，各国应主动作为、适度管理，让经济全球化的正面效应更多释放出来，实现经济全球化进程再平衡；应增加对发展的投入，合力推动更加包容、更加普惠、更有韧性的全球发展，加快落实联合国2030年可持续发展议程；应加强应对气候变化国际合作，共同推进经济社会发展全面绿色转型。作为全球第二大经济体，中国经济正在快速复苏，并始终致力于推动完善全球经济治理，将持续为世界经济发展注入信心和正能量。

开放发展的历史大势不会变，各国人民携手合作、共迎挑战的愿望也不会变。各方应坚定信心、携手前行，共同引领世界经济沿着正确轨道向前发展。

（资料来源：《人民日报》2023年2月17日）

 阅读推荐

1. 徐秀军：《建设开放型世界经济，更好惠及各国人民》,《光明日报》2023年2月3日。

2. 樊纲、郑宇劼、曹钟雄：《双循环：构建"十四五"新发展格局》,中信出版社2021年版。

3. 刘元春：《读懂双循环新发展格局》,中信出版社2021年版。

4. 马涛：《"亚洲活力"带动世界经济复苏和发展》,中国社会科学网，http://www.cssn.cn/gjgc/gjgc_gcld/202304/t20230426_5624993.shtml。

**思考题**

    1. 当前世界经济总体形势如何？

    2. 当前中国经济面临的机遇和挑战是什么？

    3. 如何更好地推动新发展格局，实现中国经济高质量发展？

# 专题八

2023 年是习近平主席提出共建『一带一路』倡议十周年。十年来，中国已经与一百五十多个国家、三十多个国际组织签署了两百多份共建『一带一路』合作文件，广泛开展文化、教育、科技、旅游、考古、经济、基础设施等多方面的交流与合作，中国与『一带一路』沿线国家关系得到深化。如今，在中国的不懈努力推动下，『一带一路』提供了深受欢迎的国际公共产品和国际合作平台，为不确定的世界提供了确定性，为推动全球发展提供了新机遇。

2013 年 9 月 7 日，习近平主席在哈萨克斯坦纳扎尔巴耶夫大学发表题为《弘扬人民友谊 共创美好未来》的重要演讲，发出共建"丝绸之路经济带"倡议；同年 10 月，习近平主席出访印度尼西亚时提出共建"21 世纪海上丝绸之路"倡议。自此，"一带一路"倡议的时代发展最强音，犹如洪钟大吕，响彻欧亚大地。十年来，在"一带一路"倡议框架下，中国与各国的全方位合作更加密切，成果更加丰硕，呈现出繁花似锦、欣欣向荣的景象，焕发出勃勃生机与活力。

# 一、共建"一带一路"十周年：成果

"一带一路"倡议实施以来，在以习近平同志为核心的党中央坚强领导下，我国统筹谋划推动高质量发展、构建新发展格局，坚持共商共建共享原则，推动共建"一带一路"取得实打实、沉甸甸的成果。

一是合作范围不断扩大。截至 2023 年年初，中国已与 150 多个国家、30 多个国际组织签署 200 多份合作文件。共建"一带一路"已先后写入联合国、亚太经合组织等多边机制成果文件。

作为共建"一带一路"倡议和中印尼两国务实合作的标志性项目，雅万高铁全长 142 公里，最高设计时速 350 公里，连接印尼首都雅加达和万隆，是中国高铁首次全系统、全要素、全产业链在海外建设项目。图为 2022 年 11 月 16 日，高速铁路综合检测车行驶在雅万高铁试验段

二是设施互联互通不断深化。一系列重大项目在沿线国家落地生根。中老铁路实现全线开通运营，客货运输量稳步增长；匈塞铁路塞尔维亚境内贝诺段顺利通车；雅万高铁最长隧道实现全隧贯通；瓜达尔港具备了全作业能力，成为区域物流枢纽和临港产业基地；中欧班列开辟了亚欧陆路运输新通道，为保障国际供应链产业链稳定畅通提供了有力支撑。

三是经贸交流与合作不断发展。截至 2022 年 8 月底，我国与沿线国家货物贸易额累计约 12 万亿

美元，对沿线国家非金融类直接投资超过 1400 亿美元。我国已累计与 30 多个共建国家和地区签署"经认证的经营者"互认协议，贸易投资自由化便利化水平持续提升。

四是多元化投融资体系不断健全。成立多边开发融资合作中心基金，10 家

国际金融机构参与。截至 2022 年 7 月底，我国累计与 20 多个沿线国家建立双边本币互换安排，在 10 多个共建"一带一路"国家建立了人民币清算安排。人民币跨境支付系统的业务量和影响力稳步提升。

五是人文交流合作不断扩大。10 余个文化交流和教育合作品牌逐步建立，其中，"鲁班工坊"在 19 个国家落地生根。丝绸之路国际剧院、博物馆、艺术节、图书馆和美术馆联盟、"一带一路"国际科学组织联盟等运行良好，有力增进了不同文化之间的交流理解和认同。"丝路一家亲"行动持续推进，菌草、杂交水稻等"小而美、见效快、惠民生"的援外项目有效增进了共建国家民众的获得感、幸福感。

六是新兴领域国际合作不断拓展。深化数字与创新国际合作，打造了一批创新合作的新亮点。中国积极参与全球抗疫协作，与共建国家开展疫苗生产合作，为支持发展中国家抗疫作出积极贡献。以电子商务、移动支付等为代表的数字经济合作成为高质量共建"一带一路"的新领域。

# 二、共建"一带一路"十周年：启示

十年来，"一带一路"倡议推动了中国的发展与繁荣，也为国际社会的进步及国际新秩序的建立作出了重要贡献。"一带一路"倡议一头连接"古丝路精神"的历史厚度，一头连接推动全球治理的创新思维，具有强大的生命力和广泛认可度，为推动构建人类命运共同体提供了现实路径，为破解治理赤字、信任赤字、和平赤字、发展赤字四大严峻挑战提供了中国智慧与中国方案。

## （一）"一带一路"是合作共赢的"和平之路"

千百年来，古老的丝绸之路见证了财富与繁荣的奇迹，也见证了烽烟和杀戮的无情。如何分享财富，平衡利益，实现合作共赢、和平共处，是古老的丝绸之路试炼今人智慧的历史之问。当今世界正处于百年未有之大变局，单边主义、霸权主义和强权政治依然盛行，地区冲突此起彼伏，部分国家内部冲突愈演愈烈，国际局势动荡复杂。"一带一路"倡议致力于建设一条"和平之路"，夯实维护世界和平的政治基础。

将"一带一路"建成和平之路，其核心内容为"各国应该尊重彼此主权、尊严、领土完整，尊重彼此发展道路和社会制度，尊重彼此核心利益和重大关切"。建设和平之路是对丝绸之路千年兴衰历程的总结。历史经验证明，丝绸之路的兴替与沿线各国政治局势稳定与否息息相关。沿线各国政通人和，彼此和睦相处，丝绸之路畅通无阻，会带来财富的增长、文化的交融和社会的进步。反之，沿线国家发生政治动荡或陷入战争就会影响整条丝路的通畅。面对世界错综复杂的安全形势和日益增多的安全威胁，中国积极倡导以和平方式解决国际争端，推动各国共同走和平发展道路，争取和平稳定的国际环境，实现人类社会和平永续发展。"一带一路"搭建了合作的纽带、和平的桥梁，促进和平、推动互利合作，成为各参与国的共同理念与共同责任。中国将始终做世界和平的建设者，坚定走和平发展道路，为人类的和平与发展事业不断作出新的贡献。

### （二）"一带一路"是共同发展的"繁荣之路"

习近平总书记指出："我们要致力于加强国际发展合作，为发展中国家营造更多发展机遇和空间，帮助他们摆脱贫困，实现可持续发展。"建设"一带一路"不仅要着眼于中国自身发展，还要以中国发展为契机，让更多国家共享发展成果，实现发展目标。

"一带一路"沿线各国市场规模和资源禀赋各有优势，互补性强，合作前景广阔。建设共同发展的"繁荣之路"就是要聚焦发展这个根本性问题，释放各国发展潜力，实现经济大融合、发展大联动、成果大共享。十年来，中国与沿线国家深入开展产业合作，共同办好经贸、产业合作园区。"一带一路"建设抓住发展新机遇，培育新动能、新业态，保持经济增长活力，取得举世瞩目的进展和成效。基础设施互联互通始终是"一带一路"建设的重点。目前，"六廊六路多国多港"的基本架构已经搭建完成，中老铁路、雅万高铁等一系列品牌项目落地生根，形成了良好的声誉。金融是现代经济的血液，"一带一路"建设本着"平等参与、利益共享、风险共担"的原则，推动建设长期、稳定、可持续、风险可控的融资体系和金融保障体系，创新投资和融资模式，推广政府和社会资本合作，建设多元化融资体系和多层次资本市场，为高质量共建"一带一路"提供更广阔的发展空间。

**知 识 链 接**

　　"六廊六路多国多港"是共建"一带一路"的主体框架。其中，"六廊"是指新亚欧大陆桥、中蒙俄、中国—中亚—西亚、中国—中南半岛、中巴和孟中印缅六大国际经济合作走廊。"六路"是指铁路、公路、航运、航空、管道和空间综合信息网络。"多国"是指一批先期合作国家。"多港"是指若干保障海上运输大通道安全畅通的合作港口。2019年4月，习近平主席在第二届"一带一路"国际合作高峰论坛开幕式上指出："在各方共同努力下，'六廊六路多国多港'的互联互通架构已基本形成。"

## （三）"一带一路"是相互包容的"开放之路"

对外开放是我国的基本国策，是国家繁荣发展的必由之路。"一带一路"倡议是中国对外开放模式的新拓展和实施新一轮对外开放的重要举措。"一带一路"为中国经济与世界经济的内外联动提供了中国方案，是落实陆海内外联动、东西双向互济开放格局的先手棋，开创了对外开放的新境界。

当前，世界经济持续低迷不振，经济全球化遭遇波折，"逆全球化"、单边主义和贸易保护主义抬头。"一带一路"建设始终坚持鲜明的开放导向，坚决反对保护主义，主张各国不断扩大开放、增进互信、互利共赢，推动各国进一步扩大市场开放，提高贸易和投资便利化程度，维护多边贸易体制主渠道地位，通过开放促进要素自由流动、资源高效配置、市场深度融合，为促进各国经济增长提供强劲动力和广阔空间。截至目前，中国已和相关国家和地区签署19个自贸协定及1项优惠贸易安排，涵盖我国35%的货物贸易额、三分之一的服务贸易和80%左右的双向投资，已建及在建的自贸区大部分处于"一带一路"沿线。2020年11月，"区域全面经济伙伴关系协定"作为全球最大的自由贸易区成功启航，成为东亚地区区域经济一体化新的里程碑，从广度和深度大大拓展了中国的自由贸易区网络，成为助力"一带一路"建设走深走实的重要战略支撑，大大提升了我国的区域影响力与国际形象。

## （四）"一带一路"是发展驱动的"创新之路"

创新是发展的根本动力。"一带一路"之所以能够行稳致远，得到众多国家和国际组织的认同和欢迎，一个很重要的原因在于它不是对西方工业化、现代化模式的简单复制，而是向创新要动力，力图优化创新环境，集聚创新资源，加强科技创新合作，将科技与各国产业发展深度融合，为世界提供创新性治理方案，走出一条发展驱动的创新之路。当前，新一轮科技革命和产业变革正在重塑世界经济结构和竞争格局，以人工智能、互联网、大数据为代表的新一轮科技革命正在加速演进，新产业、新业态不断涌现，并渗透到经济社会的方方面面。打造发展驱动的创新之路就是要打造创新共同体，共建联合科研平台和技术转移平台，实现各国联动发展，共同应对挑战，共享科技进步成果。

建设发展驱动的创新之路，要推动科技创新在沿线国家之间的共享、流动和重组，加强政府间科技创新合作，发挥企业创新主体作用，发挥沿线各国科技创新比较优势，打造科技创新合作平台，助力沿线国家实现跨越式发展，形成区域协同创新格局。建设发展驱动的创新之路，要加强全球数字基础设施互联互通，缩小数字鸿沟，打造数字丝绸之路。数字丝绸之路建设源自中国对全球科技发展态势的认识，着眼于世界经济发展未来，倡导各国抓住数字经济机遇，加强各国在人工智能、纳米技术、量子计算机等前沿领域的合作，推动大数据、云计算、智慧城市建设，形成联通陆、海、空、网四大基础设施空间的宏大格局。建设发展驱动的创新之路，还要完善知识产权保护体系，以更大力度加强知识产权保护国际合作。中国将继续加强同世界各国的知识产权保护合作，为共建"一带一路"提供良好的营商环境和创新环境。

## （五）"一带一路"是互鉴互信的"文明之路"

古丝绸之路是亚欧大陆各大文明的交汇之路，文明交流互鉴是古丝绸之路留下的宝贵精神财富。历史昭示人类，暴力与对抗并不能消弭文明分歧，共识的达成必须通过平等对话。为了推动各文明之间相互理解、相互尊重、相互信任，习近平总书记提出四点主张：坚持相互尊重、平等相待；坚持美人之美、美美与共；坚持开放包容、互学互鉴；坚持与时俱进、创新发展。"一带一路"建设为文明间的深度交流搭建了平台，走出了一条互鉴互信的"文明之路"。

打造互鉴互信的"文明之路"是对"文明冲突论"的超越。文明多样性是世界的基本特征和人类进步的源泉，文明差异性为人类社会的发展提供了动力。"一带一路"建设以文明交流、互鉴和共存超越文明隔阂、冲突和优越，推动文明间和而不同、求同存异、互学互鉴，为推动构建人类命运共同体积淀人文基础。文明交流互鉴不会自动实现，"一带一路"搭建了文明间多层次人文合作机制。中国与沿线国家深入开展教育、科学、文化等各领域人文合作，加强议会、政党、智库、民间组织往来，密切妇女、青年、残疾人等群体交流，形成多元互动的人文交流格局。近年来，中国致力于打造以改善各国人民健康福祉为宗旨的"健康丝绸之路"，从传染病防控、卫生援助，到人才培养、中医药推广，中国与"一带一路"参与国家不断深化卫生交流合作，"一带一路"成为民心相通的重要纽带。"国之交在于民相亲，民相亲在于心相通。"中国与沿线国家在人文领域的深度交流，促文明互鉴，致合异之美，为"一带一路"建设夯实了民意基础，为人类发展进步汇聚了文明力量。

一个个合作项目落地实施、一项项协议政策逐步推进……2023年是共建"一带一路"倡议、真实亲诚对非政策理念和正确义利观提出十周年。十年来，中非双方携手同进，合作领域不断拓宽。图为2023年5月23日，在肯尼亚内罗毕，蒋立平（右）与学员霍勒斯从一辆印有"连接国家 走向繁荣"标语的蒙内铁路机车旁走过

# 三、奋进新征程，高质量共建“一带一路”

“一带一路”倡议顺应时代潮流，秉持共商共建共享原则，弘扬开放包容、互学互鉴的精神，坚持互利共赢、共同发展的目标，奉行以人为本、造福于民的宗旨。经过多年努力，“一带一路”建设成果丰硕。共建“一带一路”正在成为我国参与全球开放合作、改善全球经济治理体系、促进全球共同发展繁荣、推动构建人类命运共同体的中国方案。

“一带一路”倡议根植于历史厚土、顺应时代趋势，未来将不断走深走实，行稳致远。“一带一路”倡议将为全球经济复苏提供综合性支持，真正实现硬联通、软联通和心联通，其沿线的发展中国家和欠发达地区不仅能够成为全球共同发展的受益者，也会成为全球经济增长的贡献者。

相关链接
在沙漠中成长的
阿卜杜

## （一）共建“一带一路”的重大意义

世界多极化、经济全球化、文化多样化、社会信息化深入发展，人类社会充满希望。同时，国际形势的不稳定性不确定性更加突出，世界经济缓慢复苏、发展分化，国际投资贸易格局和多边投资贸易规则酝酿深刻调整，各国面临的发展问题依然严峻。新一轮科技革命和产业变革正在重构全球创新版图、重塑全球经济结构。

共建“一带一路”顺应了经济全球化的历史潮流，顺应了各国特别是广大发展中国家促和平、谋发展的愿望。“一带一路”建设有利于沿线各国发挥自身优势，破解发展难题。共建“一带一路”顺应了全球治理体系变革的内在要求，彰显了同舟共济、权责共担的命运共同体意识，为完善全球治理体系变革提供了新思路新方案。作为世界第二大经济体，中国愿意在力所能及的范围内承担更多责任义务，为人类和平发展作出更大的贡献。

对我国来说，首先，共建“一带一路”顺应了我国对外开放区域结构转型的需要。共建“一带一路”推动我国开放空间从沿海、沿江向内陆、沿边延伸，形成陆海内外联动、东西双向互济的开放新格局。其次，顺应了我国要素流动的需要。近年来，我国对外投资规模不断扩大、效益不断提升，已经出现了市场、资源能源、投资“三头”对外深度融合的新局面，只有坚持对外开放，深度融入世界经济，才能实现可持续发展。再次，顺应了我国加快实施自由贸易区战略的需要。加快实施自由贸易区战略是一项复杂的系统工程，要加强顶层设计、谋划大棋局，既要谋子更要谋势，逐步构筑起立足周边、辐射

"一带一路"、面向全球的自由贸易区网络，积极同"一带一路"沿线国家和地区商建自由贸易区，使我国与沿线国家合作更加紧密、往来更加便利、利益更加融合。

共建"一带一路"旨在促进经济要素有序自由流动、资源高效配置和市场深度融合，推动沿线各国实现经济政策协调，开展更大范围、更高水平、更深层次的区域合作，共同打造开放、包容、均衡、普惠的区域经济合作架构。推进"一带一路"建设既是中国扩大和深化对外开放的需要，也是加强和亚欧非及世界各国互利合作的需要。正如习近平总书记强调的，中国提出"一带一路"倡议，就是要为国际社会搭建合作共赢新平台。这个倡议源自中国，属于世界，始终秉持共商共建共享原则，致力走出一条和平、繁荣、开放、绿色、创新、文明之路，为各参与国带来新的发展机遇。

## （二）推动共建"一带一路"的根本遵循

习近平总书记关于推进"一带一路"建设的重要论述深刻阐明了"一带一路"倡议的精神、目标、原则、宗旨等，为推动共建"一带一路"走深走实、行稳致远提供了根本遵循。

### 1. 弘扬开放包容、互学互鉴精神

习近平总书记指出："弘扬丝路精神，就是要促进文明互鉴。"古代丝绸之路是一条贸易之路，更是一条友谊之路。在中华民族同其他民族的友好交往中，逐步形成了以和平合作、开放包容、互学互鉴、互利共赢为特征的丝绸之路精神。在新的历史条件下，我们提出"一带一路"倡议，就是要继承和发扬丝绸之路精神，把我国发展同沿线国家发展结合起来，把中国梦同沿线各国人民的梦想结合起来，赋予古代丝绸之路以全新的时代内涵。文明因交流而多彩，文明因互鉴而丰富。文明交流互鉴，是推动人类文明进步和世界和平发展的重要动力。"一带一路"倡导推动不同文明相互尊重、和谐共处，让文明交流互鉴成为增进各国人民友谊的桥

缘聚"一带一路"，情定斯里兰卡。在美丽的贝拉湖畔，伴随着轻快的婚礼进行曲，来自中国建筑三局的 5 对中国新人、10 对斯里兰卡新人穿着中式秀禾服，踩着红毯走进了婚姻的殿堂。他们用汉语、英语、僧伽罗语许下了爱的誓言。图为婚礼现场

梁、推动人类社会进步的动力、维护世界和平的纽带；倡导从不同文明中寻求智慧、汲取营养，为人们提供精神支撑和心灵慰藉，携手解决人类共同面临的各种挑战。习近平总书记指出："弘扬丝路精神，就是要尊重道路选择。"一个国家的发展道路合不合适，只有这个国家的人民才最有发言权。不能要求有着不同文化传统、历史遭遇、现实国情的国家都采用同一种发展模式。各国体量有大小、国力有强弱、发展有先后，但都是国际社会平等的一员，都有平等参与地区和国际事务的权利。"一带一路"倡议坚持相互尊重、平等相待，尊重各国自主选择的社会制度和发展道路，尊重彼此核心利益和重大关切，客观理性看待别国发展壮大和政策理念，努力求同存异、聚同化异。

### 2. 坚持互利共赢、共同发展目标

习近平总书记强调："中国追求的是共同发展。我们既要让自己过得好，也要让别人过得好。"中华民族历来注重敦亲睦邻，讲信修睦、协和万邦是中国一以贯之的外交理念。中国倡导的新机制新倡议，不是为了另起炉灶，更不是为了针对谁，而是对现有国际机制的有益补充和完善，目标是实现互利共赢、共同发展。中国对外开放，不是要一家唱独角戏，而

🔗 **相关链接**

秦刚："一带一路"倡议十年，铺就共同发展的康庄大道

是要欢迎各方共同参与；不是要谋求势力范围，而是要支持各国共同发展；不是要营造自己的后花园，而是要建设各国共享的百花园。

### 3. 秉持共商共建共享原则

共商，就是集思广益，好事大家商量着办，使"一带一路"建设兼顾各方利益和关切，体现各方智慧和创意。共建，就是各施所长、各尽所能，把各方优势和潜能充分发挥出来，聚沙成塔、积水成渊，持之以恒加以推进。共享，就是让建设成果更多更公平惠及各国人民，打造利益共同体和命运共同体。"一带一路"倡议初衷和要实现的最高目标，就是在"一带一路"建设国际合作框架内，各方秉持共商、共建、共享原则，携手应对世界经济面临的挑战，开创发展新机遇，谋求发展新动力，拓展发展新空间，实现优势互补、互利共赢，不断朝着人类命运共同体方向迈进。

### 4. 坚持正确义利观

推进"一带一路"建设，要处理好我国利益和沿线国家利益的关系，政府、市场、社会的关系，经贸合作和人文交流的关系，对外开放和维护国家安全的关系，务实推进和舆论引导的关系，国家总体目标和地方具体目标的关系。"一带一路"建设不仅仅着眼于我国自身发展，而是要以我国发展为契机，让更多

国家搭上我国发展快车，帮助他们实现发展目标。习近平总书记指出："要坚持正确义利观，以义为先、义利并举，不急功近利，不搞短期行为。"推进"一带一路"建设，要诚心诚意对待沿线国家，做到言必信、行必果。要本着互利共赢的原则同沿线国家开展合作，让沿线国家得益于我国发展。要实行包容发展，坚持各国共享机遇、共迎挑战、共创繁荣。"一带一路"沿线国家国情和发展阶段不同，文化上也存在差异，共处时必须相互尊重、包容差异，共事时必须帮贫扶弱、均衡发展。"一带一路"建设是沿线各国共同的事业，需要大家一起努力，合作好、发展好、分享好。

## （三）推动共建"一带一路"的基本路径和发展方向

### 1. 推动共建"一带一路"的基本路径

"一带一路"倡议顺应了时代要求和各国加快发展的愿望，提供了一个包容性巨大的发展平台，具有深厚历史渊源和人文基础，能够把快速发展的中国经济同沿线国家的利益结合起来。习近平总书记在 2014 年 11 月 4 日中央财经领导小组第八次会议上强调，要做好"一带一路"总体布局，尽早确定今后几年的时间表、路线图，要有早期收获计划和领域。推进"一带一路"建设要抓落实，由易到难、由近及远，以点带线、由线到面，扎实开展经贸合作，扎实推进重点项目建设，脚踏实地、一步一步干起来。

积极推动互联互通。习近平总书记强调，我们希望同"一带一路"沿线国家加强合作，实现道路联通、贸易畅通、资金融通、政策沟通、民心相通，共同打造开放合作平台，为地区可持续发展提供新动力。共建"一带一路"，关键是互联互通。我们要建设的互联互通，不仅是修路架桥，不光是平面化和单线条的联通，而更应该是基础设施、制度规章、人员交流"三位一体"，应该是政策沟通、设施联通、贸易畅通、资金融通、民心相通五大领域齐头并进。这是全方位、立体化、网络状的大联通，是生

作为陆港型国家物流枢纽、中欧班列集结中心示范工程，近年来，乌鲁木齐国际陆港区紧紧围绕"集货、建园、聚产业"的总体发展思路，不断丰富运输方式，提高综合服务能力，助力中欧班列发展行稳致远。图为 2022 年 2 月 20 日，中欧班列停靠在中欧班列乌鲁木齐集结中心的站台

机勃勃、群策群力的开放系统。要打造全方位的互联互通，推动形成基建引领、产业集聚、经济发展、民生改善的综合效应。

　　明确推进"一带一路"建设的要求。在推进"一带一路"建设方面，要切实推进规划落实，重点支持基础设施互联互通、能源资源开发利用、经贸产业合作区建设、产业核心技术研发支撑等战略性优先项目。要切实推进统筹协调，坚持陆海统筹、内外统筹，加强政企统筹，鼓励国内企业到沿线国家投资经营，也欢迎沿线国家企业到我国投资兴业。要切实推进关键项目落地，实施好一批示范性项目，让有关国家不断有实实在在的获得感。要切实推进金融创新，打造多层次金融平台，建立服务"一带一路"建设长期、稳定、可持续、风险可控的金融保障体系。"一带一路"建设既要确立国家总体目标，也要发挥地方积极性。地方的规划和目标要符合国家总体目标，服从大局和全局。要把主要精力放在提高对外开放水平、增强参与国际竞争能力、倒逼转变经济发展方式和调整经济结构上来。要立足本地实际，找准位置，发挥优势，取得扎扎实实的成果，努力拓展改革发展新空间。

　　确定共建"一带一路"的重点方向。"一带一路"沿线国家市场规模和资源禀赋优势明显，互补性强，潜力巨大，前景广阔。要把握历史机遇，应对各种风险挑战，推动"一带一路"建设向更高水平、更广空间迈进。构建"一带一路"互利合作网络，在自愿、平等、互利原则基础上，携手构建务实进取、包容互鉴、开放创新、共谋发展的"一带一路"互利合作网络。共创"一带一路"新型合作模式，以"一带一路"沿线各国发展规划对接为基础，以贸易和投资自由化便利化为纽带，以互联互通、产能合作、人文交流为支柱，以金融互利合作为重要保障，积极开展双边和区域合作。打造"一带一路"多元合作平台，推动各国政府、企业、社会机构、民间团体开展形式多样的互利合作，增强企业自主参与意愿，吸收社会资本参与合作项目，共同打造"一带一路"沿线国家多主体、全方位、跨领域的互利合作新平台。推进"一带一路"重点领域项目建设，大力推进六大国际经济合作走廊建设，开办更多产业集聚区和经贸合作区，抓好重点领域合作。

　　根据形势变化不断扩展合作领域。稳妥开展健康、绿色、数字、创新等新领域合作，培育合作新增长点。着力深化环保合作，践行绿色发展理念，加大生态环境保护力度，携手打造"绿色丝绸之路"。着力深化医疗卫生合作，加强在传染病疫情通报、疾病防控、医疗救援、传统医药领域互利合作，携手打造"健康丝绸之路"。着力深化人才培养合作，倡议成立"一带一路"职业技术合作联盟，培养培训各类专业人才，携手打造"智力丝绸之路"。着力深化安保合作，践行共同、综合、合作、可持续的亚洲安全观，推动构建具有亚洲特色的安全治理模式，携手打造"和平丝绸之路"。加强基础设施"硬联通"以及规则标准"软联通"，畅通贸易和投资合作渠道，积极发展丝路电商，共同开辟融合发展的光明前景。实施好科技创新行动计划，加强知识产权保护国际合作，打造开放、公平、公正、非歧视的科技发展环境。

推动与各国发展战略对接合作。"一带一路"建设不是中国一家的独奏，而是沿线国家的合唱。习近平总书记指出："'一带一路'建设不是要替代现有地区合作机制和倡议，而是要在已有基础上，推动沿线国家实现发展战略相互对接、优势互补。""一带一路"已经与哈萨克斯坦"光明之路"、俄罗斯"欧亚经济联盟"、蒙古国"草原之路"、土库曼斯坦"复兴丝绸之路"倡议实现对接合作，同欧洲"容克投资计划"、柬埔寨"四角战略"、老挝"变陆锁国为陆联国"战略等对接达成共识。"一带一路"还实现了与沙特阿拉伯"2030愿景"、埃及"振兴计划"、塔吉克斯坦"2030年前国家发展战略"、伊朗四大走廊及跨境走廊对接，积极推动同乌兹别克斯坦、阿塞拜疆、白俄罗斯、吉尔吉斯斯坦、土耳其等国经济战略对接。

见"习"日记

我们将以共建"一带一路"合作十周年为新起点，加快发展战略对接，推动贸易自由化便利化，扩大产业与投资合作，推进中国—中亚交通走廊建设，支持建立中国—中亚能源发展伙伴关系，鼓励高新技术合作，保障地区粮食安全，共同打造深度互补、高度共赢的合作新格局。

——2023年5月19日，习近平总书记在同中亚五国元首共同会见记者时的讲话

### 2. 推动共建"一带一路"的发展方向

近年来，"一带一路"建设完成了总体布局，绘就了一幅"大写意"，取得了实打实、沉甸甸的成就。面向未来，要聚焦重点、深耕细作，共同绘制精谨细腻的"工笔画"，秉持共商共建共享原则，坚持开放、绿色、廉洁理念，努力实现高标准、可持续、惠民生目标，推动共建"一带一路"沿着高质量发展方向不断前进。

正确认识和把握新形势。总体上看，和平与发展的时代主题没有变，经济全球化大方向没有变，国际格局发展战略态势对我有利，共建"一带一路"仍面临重要机遇。同时，世界百年未有之大变局正加速演变，新一轮科技革命和产业变革带来的激烈竞争前所未有，气候变化、疫情防控等全球性问题对人类社会带来的影响前所未有，共建"一带一路"国际环境日趋复杂。要保持战略

定力，抓住战略机遇，统筹发展和安全、统筹国内和国际、统筹合作和斗争、统筹存量和增量、统筹整体和重点，积极应对挑战，趋利避害，奋勇前进。

坚定不移扩大高水平开放。习近平总书记指出："'一带一路'建设是扩大开放的重大战略举措和经济外交的顶层设计。"共建"一带一路"是和平发展、经济合作倡议，不是搞地缘政治联盟或军事同盟；是开放包容、共同发展进程，不是要关起门来搞小圈子或者"中国俱乐部"；不以意识形态划界，不搞零和游戏。中国坚持对外开放的基本国策，坚持打开国门搞建设，积极促进"一带一路"国际合作，努力实现政策沟通、设施联通、贸易畅通、资金融通、民心相通，打造国际合作新平台，增添共同发展新动力。在共建"一带一路"过程中，中国开放的大门只会越开越大，中国愿为世界各国带来共同发展新机遇，与各国积极发展符合自身国情的开放型经济，共同携手向着构建人类命运共同体的目标不断迈进。

持续夯实高质量发展根基。深化政治互信，发挥政策沟通的引领和催化作用，探索建立更多合作对接机制，推动把政治共识转化为具体行动、把理念认同转化为务实成果。深化互联互通，完善陆、海、天、网"四位一体"互联互通布局，深化传统基础设施项目合作，推进新型基础设施项目合作，提升规则标准等"软联通"水平，为促进全球互联互通做增量。深化贸易畅通，扩大同周边国家贸易规模，鼓励进口更多优质商品，提高贸易和投资自由化便利化水平，促进贸易均衡共赢发展。继续扩大三方或多方市场合作，开展国际产能合作。深化资金融通，吸引多边开发机构、发达国家金融机构参与，健全多元化投融资体系。深化人文交流，形成多元互动的人文交流大格局。培育人工智能、大数据、数字金融、电子商务、绿色能源等领域新增长点，着力打造一批高标准、可持续、惠民生的优质项目，推动各方合作再上一层楼，合力绘就精谨细腻的"工笔画"，共同实现高质量发展。

统筹考虑和谋划构建新发展格局和共建"一带一路"。加快完善各具特色、互为补充、畅通安全的陆上通道，优化海上布局，为畅通国内国际双循环提供有力支撑。加强产业链供应链畅通衔接，推动来源多元化。民生工程是快速提升共建国家民众获得感的重要途径，要加强统筹谋划，形成更多接地气、聚人心的合作成果。

为国际社会提供更多公共产品。中国的发展得益于国际社会，也愿为国际社会提供更多公共产品。"一带一路"建设，倡导不同民族、不同文化要"交而通"，而不是"交而恶"，彼此要多拆墙、少筑墙，把对话当作"黄金法则"用起来，大家一起做有来有往的邻居。习近平总书记指出："我们将在传染病防控、公共卫生、传统医药等领域同各方拓展合作，共同护佑各国人民生命安

2022年10月18日，肯尼亚首个中非农业发展与减贫示范村在肯尼亚纳库鲁郡马坦吉提萨村挂牌，这也是"'一带一路'南南合作农业教育科技创新联盟"在非洲建设的首批示范村之一。图为挂牌仪式现场

全和身体健康。"共建"一带一路"也着力解决发展失衡、治理困境、数字鸿沟、分配差距等问题，让世界各国的发展机会更加均等，让发展成果由各国人民共享。世界银行有关报告认为，到2030年，共建"一带一路"有望帮助全球760万人摆脱极端贫困、3200万人摆脱中度贫困。我们将本着开放包容精神，同愿意参与的各相关方共同努力，把"一带一路"建成"减贫之路""增长之路"，为人类走向共同繁荣作出积极贡献。

历史是前天和昨天留下的痕迹，而每一个今天都是明天的历史。2000多年前，勤劳勇敢的中国人民用智慧、勇气和汗水开拓了连接亚欧非大陆各文明的人文、贸易交流通路，与沿线各国人民共同铸就了辉煌的古丝绸之路。千百年来，和平合作、开放包容、互学互鉴、互利共赢的丝路精神已深深融入中华民族的灵魂与血液中，成为中国参与全球政治、经济、文化等交流活动的重要依托。新的历史时期，习近平主席准确把握国际秩序深刻调整、全球经济一体化不断深入的大趋势，先后提出了"丝绸之路经济带"和"21世纪海上丝绸之路"的重大提议。十年弹指一挥间，共建"一带一路"倡议已取得实实在在、沉甸甸的成就，已经得到全球三分之二国家的积极响应，成为名副其实的国际合作平台和公共产品。

🔗 相关链接

青知讲说人｜"一带一路"沿线青年建设者：用青春和汗水跨越山海

共建"一带一路"倡议是一项长期系统工程，不可能一蹴而就，需要一代又一代青年持续付出努力。青年是祖国的未来、民族的希望，当代中国青年生逢其时，施展才干的舞台无比广阔，实现梦想的前景无比光明。因而广大青年要坚定不移听党话、跟党走，怀抱梦想又脚踏实地，敢想敢为又善作善成，立志做有理想、敢担当、能吃苦、肯奋斗的新时代好青年，在新时代新征程中为共建"一带一路"贡献自己的青春力量。

拓展阅读

## 共建"一带一路"朋友圈越来越大

今年是习近平主席提出共建"一带一路"倡议10周年。新年伊始，中国与菲律宾续签共建"一带一路"谅解备忘录，与土库曼斯坦签署共建"一带一路"谅解备忘录。这充分表明，共建"一带一路"符合世界发展需求，顺应国际社会期待，始终保持强大韧性和旺盛活力。

中菲是一衣带水的近邻，合作潜力巨大。双方高度重视基础设施建设，愿持续深化共建"一带一路"倡议和"多建好建"规划对接，高质量推进基建项目合作，促进经济增长。双方续签"一带一路"合作谅解备忘录，签署帕西格河桥梁项目框架协议和中方援菲基建项目交接证书。双方将进一步深化基础设施建设合作，打造达沃—萨马尔大桥等重点工程，在商定的地点探讨开展经贸创新发展合作，共同维护产供链稳定。中土签署共建"一带一路"谅解备忘录，有利于全方位深化两国互利合作。双方将加紧推进共建"一带一路"倡议和"复兴丝绸之路"战略对接，推动两国各领域合作齐头并进，全面发展。

共建"一带一路"顺应经济全球化的历史潮流，顺应全球治理体系变革的时代要求，顺应各国人民过上更好日子的强烈愿望，这是其始终保持强大韧性和旺盛活力的根本所在。目前已有151个国家、32个国际组织与中国签署200余份共建"一带一路"合作文件。2023年1月10日，世界银行发布最新一期《全球经济展望》报告，将2023年全球经济增长预期下调至1.7%，较2022年6月预测下调1.3个百分点。在经济全球化遭遇逆风、世界经济复苏陷入低迷的背景下，共建"一带一路"对促进有关国家和地区经济增长、推动全球共同发展的作用更加重要。世界银行2019年的研究报告显示，若共建"一带一路"框架下的交通基础设施项目全部得以实施，到2030年每年有望为全球产生1.6万亿美元的收益，占全球经济总量的1.3%。未来，更多国家携手高质量共建"一带一路"是大势所趋。

共建"一带一路"倡议源于中国，机会和成果属于世界。共建"一带一路"搭建起国际贸易和投资新平台。数据显示，2013年至2021年，中国同"一带一路"沿线国家累计货物贸易额近11万亿美元、双向投资超过2300亿美元。共建"一带一路"促进设施联通。一条条"幸福路"、一座座"连心桥"、一个个"繁荣港"，成为缩小发展鸿沟的助推器、推动共同繁荣的发动机，为增进各国民生福祉作出了新贡献。高质量共建"一带一路"顺应第四次工业革命发展趋势，把握数字化、网络化、智能化发展机遇，探寻新的增长动能和发展路径，建设数字丝绸之路、创新丝绸之路，为古老的丝绸之路注入新活力。英国社会学家、全球化概念首倡者之一马丁·阿尔布劳指出，"一带一路"将中国的和平发展与整个世界的繁荣幸福连接了起来。

作为中国为完善全球治理提供的重要公共产品，高质量共建"一带一路"继承创新、主动作为，强调求同存异、兼容并蓄，促进现有国际秩序、国际规则增量改革。共建"一带一路"倡议及其共商共建共享的核心理念被写入联合国、二十国集团、亚太经合组织以及其他区域组织等有关文件中，成为全球治理的重要共识。亚洲基础设施投资银行、丝路基金等多边开发机构和合作平台的设立，推动全球治理体系朝着更加公正合理的方向发展。南非大学姆贝基非洲领导力研究所高级研究员谭哲理表示，共建"一带一路"倡议为完善全球治理贡献了重要力量。

从"大写意"到"工笔画"，从落地生根到持久发展，共建"一带一路"朋友圈越来越大，好伙伴越来越多，合作质量越来越高，发展前景越来越好。今年，中方将考虑举办第三届"一带一路"国际合作高峰论坛，为全球发展繁荣注入新动力。站在新的起点，中国将继续与各方共建和平、繁荣、开放、绿色、创新、文明之路，让共建"一带一路"这一世纪工程更好造福各国人民。

（资料来源：《人民日报》2023 年 1 月 12 日）

**阅读推荐**

1. 翟东升：《将"一带一路"建设成为"减贫之路"》，《红旗文稿》2022 年第 17 期。

2. 李向阳：《"一带一路"：向世界提供公共产品》，《经济日报》2023 年 1 月 19 日。

3. 余虹：《共建"一带一路"助力构建开放型世界经济》，《人民日报》2023 年 6 月 10 日。

**思考题**

1. 十年来，共建"一带一路"取得哪些丰硕成果？

2. 十年来，共建"一带一路"给我们带来了怎样的启示？

3. 我们应该如何进一步推动高质量共建"一带一路"？

专题九

昂扬奋进中国特色大国外交新征程

中国特色大国外交理念是与时俱进不断发展的有中国特色的大国外交新战略。中国特色大国外交理念要求我们在总结实践经验的基础上，丰富和发展对外工作理念，使我国对外工作有鲜明的中国特色、中国风格、中国气派。

党的十八大以来，在以习近平同志为核心的党中央坚强领导下，中国特色大国外交采取一系列战略性举措，取得一系列标志性成果，中国的大国担当赢得广泛国际赞誉，国际影响力、感召力、塑造力显著提升。党的二十大报告明确了未来五年我国发展的主要目标任务，其中一个重要方面是"中国国际地位和影响进一步提高，在全球治理中发挥更大作用"。这为中国外交奋进新征程明确了努力方向。我们要始终坚持维护世界和平、促进共同发展的外交政策宗旨，为实现中华民族伟大复兴创造良好外部条件，同各国人民携手推动构建人类命运共同体，开创人类更加美好的未来。

# 一、新时代中国外交的历史性成就

党的十八大以来，在习近平总书记擘画指挥下，在习近平外交思想科学指引下，我们走出了一条中国特色大国外交新路，战胜了各种艰难险阻，办成了不少大事要事，取得了全方位、开创性历史成就，为服务民族复兴、促进人类进步积极担当尽责。

## （一）深化伙伴关系实现全方位拓展

习近平主席出访40多次，足迹遍及五大洲70国，接待访华国际政要数百位，开展了精彩纷呈的元首外交，为外交全局提供战略引领。我国建交国数量从172个增加到182个，对外建立伙伴关系从40多对增加到110多对。中俄关系更加成熟坚韧，中欧保持友好合作主基调，明确了中美关系必须坚持相互尊重、和平共处、合作共赢的正确方向。共建亚洲家园稳步推进，中国—东盟命运共同体建设成绩斐然，中亚成为我国周边首个战略伙伴集群。发展中国家天然同盟军更加巩固，中非命运共同体更加紧密，中阿战略伙伴关系全面深化，中拉关系进入平等、互利、创新、开放、惠民新时代，中国同太平洋岛国关系取得突破性进展。

## （二）维护和平安全作出实质性贡献

在深刻的世界变局乱局中，中国毫不动摇维护国际公平正义，坚决反对一切形式的霸权主义和强权政治，坚决反对冷战思维和阵营对抗，为维护全球战略稳定砥柱中流。深度参与国际安全合作，加入20多项多边军控条约，坚定维护国际核不扩散体系，推动五核国领导人就防止核战争发表联合声明。倡导普遍安全、共同安全，全球安全倡议获得90多个国家和地区组织赞赏支持。促成沙特伊朗复交、带动中东"和解潮"，在乌克兰问题上坚持公正立场，积极劝和促谈，持续推动伊朗核问题、朝鲜半岛核问题、阿富汗问题等政治解决，为动荡不安的世界注入稳定性和正能量。

### （三）推动共同发展彰显负责任担当

面对保护主义、逆全球化抬头，中国贯彻新发展理念、构建新发展格局、奉行互利共赢的开放战略，成为 140 多个国家和地区的主要贸易伙伴。面对各国互联互通需求，推动高质量共建"一带一路"，吸引世界上超过 3/4 的国家和 32 个国际组织参与，拉动近万亿美元投资规模，中欧班列通达欧洲 25 国 200 多个城市。面对贸易碎片化、阵营化挑

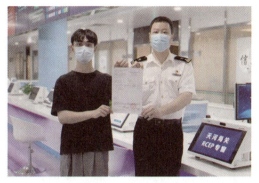

战，坚定维护多边贸易体制，推动达成《区域全面经济伙伴关系协定》，在全球首创并连续五年举办中国国际进口博览会。面对发展鸿沟拉大，提出并落实全球发展倡议，创设全球发展和南南合作基金，推出对非合作"八大行动""九项工程"，打造面向太平洋岛国的六大合作平台，为全球发展事业尽心出力。

据统计，自 2022 年 1 月 1 日 RCEP 生效实施以来截至 2023 年 5 月 31 日，广州海关累计签发 RCEP 原产地证书约 2.1 万份，涉及货物货值超 67 亿元，签证出口货物主要包括服装、化工品等；享受 RCEP 优惠的进口货物超 72 亿元。图为 2023 年 6 月 2 日上午，广州海关所属天河海关为广州溢科复合新材料科技有限公司出口至菲律宾的 165 箱木塑复合环保材料签发 RCEP 原产地证书，凭借该证书企业预计可在菲律宾享受约 1.2 万元的关税优惠

### （四）完善全球治理发挥引领性作用

中国倡导共商共建共享的全球治理观，坚持真正的多边主义，推动全球治理朝着更加公正合理的方向发展。成功举办从亚太经合组织北京会议到二十国集团杭州峰会等一系列重大主场外交，为全球治理注入动力。推动上合组织最大规模扩员，打造"金砖+"南南合作新平台，率先支持非盟加入二十国集团，提升新兴市场和发展中国家的代表性和发言权。宣布碳达峰碳中和目标，推动《巴黎协定》等重要文件达成、落实，为全球气候治理发挥关键作用。向 120 多个国家和国际组织供应超过 22 亿剂疫苗，向 153 个国家和 15 个国际组织提供数千亿件抗疫物资，为全球抗疫作出重要贡献。

### （五）捍卫国家利益取得突破性进展

中国贯彻总体国家安全观，坚定维护政治安全，有力回击反制外部干涉和

极限施压。坚定维护国家主权和领土完整，连续拿下台湾当局 10 个所谓"邦交国"，巩固了国际社会坚持一个中国的格局。有力阻遏外部势力干预，实现香港由乱到治、由治到兴的历史性转变。有效开展国际舆论斗争，连续挫败利用台湾、涉疆、涉港、涉藏、涉疫、人权等问题对我国发动的攻击抹黑。用心用情用力践行外交为民，构建海外利益保护和风险预警防范体系，维护海外中国公民和企业正当权益，成功帮助被非法拘押的孟晚舟女士平安回国。面对乌克兰危机爆发、苏丹局势突变等风险挑战，组织实施 20 次海外公民撤离行动，全力守护同胞生命安全。

十载砥砺奋进，几度春华秋实。新时代中国外交取得一系列来之不易的成果，根本在于有习近平总书记作为党中央的核心、全党的核心掌舵领航，在于有习近平新时代中国特色社会主义思想特别是习近平外交思想科学指引。在波澜壮阔的中国特色大国外交实践中，我们更加深刻体悟到，"两个确立"是新时代的最重大政治成果、最重要历史经验、最客观实践结论，是党和人民应对一切不确定性的最大确定性、最大底气、最大保证。

见"习"日记

　　中国始终坚持维护世界和平、促进共同发展的外交政策宗旨，致力于推动构建人类命运共同体。中国坚定奉行独立自主的和平外交政策，始终根据事情本身的是非曲直决定自己的立场和政策，维护国际关系基本准则，维护国际公平正义。中国尊重各国主权和领土完整，坚持国家不分大小、强弱、贫富一律平等，尊重各国人民自主选择的发展道路和社会制度，坚决反对一切形式的霸权主义和强权政治，反对冷战思维，反对干涉别国内政，反对搞双重标准。中国奉行防御性的国防政策，中国的发展是世界和平力量的增长，无论发展到什么程度，中国永远不称霸、永远不搞扩张。

——2022 年 10 月 16 日，习近平总书记在中国共产党第二十次
全国代表大会上的讲话

## 二、奋进中国特色大国外交新征程的思想武器和科学指南

　　《习近平著作选读》收入了习近平总书记新时代十年最重要、最基本的著作，集中反映了我们党推进马克思主义中国化时代化的重大理论创新成果，是深入学习贯彻习近平新时代中国特色社会主义思想的权威教材。全书许多重要

篇章涵盖或专门论述外交工作，集中呈现了党的十八大以来习近平外交思想创立与发展的光辉印记，生动记录了中国特色大国外交破浪前行的极不平凡历程。在全面贯彻落实党的二十大精神开局之年，深入开展学习贯彻习近平新时代中国特色社会主义思想主题教育之际，认真学习研读《习近平著作选读》，有助于更加深刻理解领会习近平外交思想的历史逻辑、理论逻辑、实践逻辑，更加自觉运用党的创新理论统一思想、统一意志、统一行动，凝聚起中国外交奋进新时代新征程的磅礴伟力。

思想是行动的先导，理论是实践的指南。新时代十年，是习近平外交思想历史性创立、体系日益完备、内涵丰富拓展的十年，是为外交工作提供强大理论武装、先进思想指引、科学行动指南的十年。十年来，外交战线深学笃行习近平外交思想，不断增强政治判断力、政治领悟力、政治执行力，越来越深刻领悟到这一光辉思想的科学性、时代性、先进性、实践性真理力量和重大深远指导意义。

### （一）习近平外交思想坚持正确政治方向，为新时代中国外交开拓前行提供了根本保证

"办好中国的事情，关键在党。"习近平外交思想明确了党的领导是中国外交的灵魂。党的性质宗旨决定了中国外交的根本底色就是坚持以中国特色社会主义为根本增强战略自信，坚定捍卫党领导人民选择的社会主义道路。党的初心使命决定了，中国外交的责任担当就是维护世界和平、促进共同发展，推动构建人类命运共同体。党的价值追求决定了，中国外交的基本原则就是弘扬公平正义，坚定站在历史正确的一边、站在人类文明进步的一边。党的集中统一领导决定了，中国外交的最大优势就是元首外交战略引领和党总揽全局、协调各方的对外工作大协同。党的组织路线决定了，中国外交的队伍建设就是要建设一支忠于党、忠于国家、忠于人民，政治坚定、业务精湛、作风过硬、纪律严明的对外工作队伍。"不畏浮云遮望眼，乱云飞渡仍从容"，党的领导是指引新时代中国外交从胜利走向胜利的根本保证。

### （二）习近平外交思想坚持准确把握世界大势，增强了新时代中国外交的历史主动

"认识世界发展大势，跟上时代潮流，是一个极为重要并且常做常新的课题。"习近平总书记敏锐把握中国同世界关系的历史性新变化，指出我国日益走近世界舞台中央，有能力也有责任在全球事务中发挥更大作用，同各国一道为解决全人类问题作出更大贡献。深刻揭示国际力量对比的革命性变化，指出当

今世界正经历百年未有之大变局，新兴市场国家和发展中国家群体性崛起，任何国家或国家集团都再也无法单独主宰世界事务。准确分析新冠疫情发生以来国际形势变乱交织的新特征，指出世界进入新的动荡变革期，世界之变、时代之变、历史之变正以前所未有的方式展开。科学研判我国外部环境发展变化的新特点，指出我国发展进入战略机遇和风险挑战并存、不确定难预料因素增多的时期，必须准备经受风高浪急甚至惊涛骇浪的重大考验。在历史转折的关键节点，习近平外交思想指引我们观大势、谋全局、抓根本，始终立于时代潮头，牢牢把握历史主动。

### （三）习近平外交思想坚持推动构建人类命运共同体，锚定了新时代中国外交的目标方向

"构建人类命运共同体是世界各国人民前途所在。"从莫斯科国际关系学院"开篇破题"，到联合国大会一般性辩论"立柱架梁"，从达沃斯年会"把脉开方"，到日内瓦万国宫系统阐释，构建人类命运共同体的理论体系日益完备。以"五个世界"为总体布局，坚持对话协商、共建共享、合作共赢、交流互鉴、绿

**相关链接**
跟着习主席看世界｜
破解"和平赤字"

色低碳。以推动构建新型国际关系为根本路径，秉持相互尊重、公平正义、合作共赢。以全人类共同价值为价值追求，弘扬和平、发展、公平、正义、民主、自由。

以共建"一带一路"为实践平台，坚持共商共建共享。以全球发展倡议、全球安全倡议、全球文明倡议为重要依托，擘画共同发展最大同心圆、寻求普遍安全最大公约数、繁荣世界文明百花园。构建人类命运共同体明确了中国外交的世界愿景，回应了各国人民的共同诉求，指明了解决全球性问题的根本路径，成为引领时代潮流和人类前进方向的鲜明旗帜。

### （四）习近平外交思想坚持发扬斗争精神，熔铸了新时代中国外交的精神品格

"实现伟大梦想必须进行伟大斗争。"习近平总书记强调，以斗争求安全则安全存，以妥协求安全则安全亡；以斗争谋发展则发展兴，以妥协谋发展则发展衰。面对外部风险挑战，斗争是有方向、有原则的，凡是危害中国共产党领导和我国社会主义制度，凡是危害我国主权、安全、发展利益，凡是危害我国核心利益和重大原则，凡是危害我国人民根本利益，凡是危害我国实现中华民族伟大复兴的各种风险挑战，只要来了，就必须坚决斗争，必须取得胜利。斗争是讲策略、讲方法的，坚持有理有利有节，原则问题寸步不让，策略问题灵

活机动，团结一切可以团结的力量，调动一切积极因素，在斗争中争取团结、谋求合作、争取共赢。斗争精神、斗争本领不是与生俱来的，要经受严格的思想淬炼、政治历练、实践锻炼、专业训练，在复杂严峻的斗争中经风雨、见世面、壮筋骨、长才干。习近平外交思想指引我们敢于斗争、善于斗争，铸就坚定的意志品质和过硬的斗争本领，有效应对任何外部挑战、坚决抵御任何惊涛骇浪。

### （五）习近平外交思想坚持推进马克思主义中国化时代化，开辟了新时代中国外交的崭新境界

"全党要坚持把马克思主义基本原理同中国具体实际相结合、同中华优秀传统文化相结合。"习近平外交思想是"两个结合"在外交领域的集中体现：将马克思主义基本原理同当今中国外交实际结合，提出一系列富有中国特色、体现时代精神的新理念新主张新倡议，解答世界之问、时代之问。对中华优秀传统文化创造性转化、创新性发展，在正确义利观中体现"义以为上"，在亲诚惠容理念中传承"亲仁善邻"，在新型国际关系中蕴含"协和万邦"，在人类命运共同体理念中彰显"天下为公"，新时代外交理念处处闪耀着历久弥新的文明光芒。与新中国外交优良传统既一脉相承又与时俱进，坚守独立自主的立足点，捍卫不干涉内政"黄金法则"，赋予和平发展道路等新的时代内涵，提出全球治理观、国际秩序观、安全观、文明观、生态观、人权观等原创性理念，极大丰富发展了新中国外交理论体系。对传统国际关系理论予以扬弃超越，决不走国强必霸、冷战思维、集团政治、意识形态划线的老路邪路，旗帜鲜明号召各国走人间正道，以和平发展超越冲突对抗，以共同安全取代绝对安全，以互利共赢摒弃零和博弈，以交流互鉴防止文明冲突，以绿色发展呵护地球家园。习近平外交思想赋予新时代中国外交鲜明的中国特色、中国风格、中国气派，开辟了国际关系理论与实践新境界，书写了人类政治文明进步新篇章。

**知识链接**

全球安全倡议，是习近平主席在博鳌亚洲论坛年会开幕式上郑重提出的倡议。这一重大倡议明确回答了"世界需要什么样的安全理念、各国怎样实现共同安全"的时代课题，为应对国际安全挑战提供了中国方案。

习近平总书记指出，为了促进世界安危与共，中方愿提出全球安全倡议：要坚持共同、综合、合作、可持续的安全观，共同维护世界和平和安

全；坚持尊重各国主权、领土完整，不干涉别国内政，尊重各国人民自主选择的发展道路和社会制度；坚持遵守联合国宪章宗旨和原则，摒弃冷战思维，反对单边主义，不搞集团政治和阵营对抗；坚持重视各国合理安全关切，秉持安全不可分割原则，构建均衡、有效、可持续的安全架构，反对把本国安全建立在他国不安全的基础之上；坚持通过对话协商以和平方式解决国家间的分歧和争端，支持一切有利于和平解决危机的努力，不能搞双重标准，反对滥用单边制裁和"长臂管辖"；坚持统筹维护传统领域和非传统领域安全，共同应对地区争端和恐怖主义、气候变化、网络安全、生物安全等全球性问题。

全球安全倡议的提出，目的是回应国际社会维护世界和平、防止冲突战争的迫切需要，为消弭国际冲突根源、应对国际安全挑战、实现世界和平发展提供了新方向，欢迎包括集体安全条约组织成员国在内的国际社会广泛共同参与。

全球安全倡议不仅是人类命运共同体理念在安全领域的生动实践，为推进全球安全治理、应对国际安全挑战贡献了中国智慧，更为维护世界和平安宁指明了前进方向，特别是在当前形势下对维护世界和平与发展具有极其重要的现实意义。

全球安全倡议对实现联合国可持续发展目标、维护世界和平与安全、促进人类文明进步具有重要意义。

## 三、新征程上中国特色大国外交的新指引

党的二十大报告全面深刻总结了过去五年和新时代十年中国外交工作成就。我们要深入学习贯彻党的二十大精神，着眼全面建成社会主义现代化强国、实现第二个百年奋斗目标，以中国式现代化全面推进中华民族伟大复兴，在外交工作中保持本色、打好底色、展现成色、增添亮色。

### （一）进一步明确要奉行独立自主的和平外交政策，保持新征程上中国特色大国外交的"本色"

当前，霸权主义和强权政治在国际上依然存在，恃强凌弱、巧取豪夺、零和博弈等霸权霸道霸凌行径危害深重，和平赤字、发展赤字、安全赤字、治理赤字加重。党的二十大报告向国际社会发出了明确信号，中国将坚持独立自主的和平外交政策和反霸权反扩张反干涉的"本色"不动摇，始终根据

事情本身的是非曲直决定自己的立场和政策，维护国际关系基本准则，维护国际公平正义，这一政策宣示为处于动荡变革期的世界带来了更多稳定性和确定性因素。

### （二）进一步明确要积极深化拓展全球伙伴关系的外交着力点，打好新征程上中国特色大国外交的"底色"

中国积极同世界各国"打交道"，不断扩大"朋友圈"，建交国总数增加到182个，同世界各国和地区组织建立伙伴关系的数量增加到113对。党的二十大报告指出，中国坚持在和平共处五项原则基础上同各国发展友好合作，并提出深化拓展平等、开放、合作的全球伙伴关系的新表述，特别是指出要秉持真实亲诚理念和正确义利观加强同发展中国家团结合作，维护发展中国家共同利益。这些政策宣示将指引我国外交工作进一步筑牢根基，打好"底色"，用真诚的态度和持续的努力为中国在国际上赢得更多朋友，为国家发展营造更加良好的外部环境。

2023年5月16日至20日，第三届中国—中东欧国家博览会暨国际消费品博览会在浙江宁波举办。来自中东欧多国的嘉宾和企业代表汇聚一堂，谈合作、叙友谊、促发展。图为第三届中国—中东欧国家博览会上，波兰参展商向观众介绍商品情况

### （三）进一步明确要积极参与全球治理体系改革和建设的大国担当，展现新征程上中国特色大国外交的"成色"

和平发展和公平正义是世界各国人民的共同理想和共同事业，也是新时代中国特色大国外交的重要旨趣。新时代，中国不断为"人类向何处去"贡献中国智慧和中国方案，打造具有实效性的全球公共产品和国际合作平台，高举引领时代潮流和人类前进方向的鲜明旗帜，为世界和平和发展注入新的动力。党的二十大报告进一步强调，中国积极参与全球治理体系改革和建设，践行共商共建共享的全球治理观，坚持真正的多边主义，推进国际关系民主化，推动全球治理朝着更加公正合理的方向发展。可以说，中国坚守"以天下为己任"的大国责任与大国担当，坚定维护以联合国为核心的国际体系，严格遵守国际法和联合国宪章宗旨原则，坚决反对单边主义，积极参与各类多边机制并更好发挥作用，助力国际性和地区性热点问题的解决，推动落实

全球发展倡议和全球安全倡议，增强发展中国家在国际事务中的代表性和发言权，建设更加符合时代潮流和现实需求的全球治理体系，展现出中国作为负责任大国的"成色"。

### （四）进一步突出构建人类命运共同体的重要意义，增添新征程上中国特色大国外交的"亮色"

新时代十年，中国外交以卓有成效的实践深刻回答了"建设一个什么样的世界、如何建设这个世界"的人类社会永恒命题，彰显人类命运共同体理念巨大的思想伟力及其助力世界和平发展的实践伟力。党的二十大报告进一步指出，构建人类命运共同体是世界各国人民前途所在，中国愿同国际社会一道"弘扬和平、发展、公平、正义、民主、自由的全人类共同价值"，推动构建"持久和平、普遍安全、共同繁荣、开放包容、清洁美丽"的人类命运共同体。这些政策主张阐明了在新的时代征程上构建人类命运共同体对实现以中国式现代化全面推进中华民族伟大复兴的中心任务的重要意义，深刻揭示了包括推动构建人类命运共同体在内的中国式现代化一系列本质要求，使得中华民族伟大复兴和构建人类命运共同体之间的逻辑衔接进一步明确和清晰，这些将持续为中国外交增添"亮色"。

习近平总书记在党的二十大报告中郑重宣告："我们党立志于中华民族千秋伟业，致力于人类和平与发展崇高事业，责任无比重大，使命无上光荣。"当今世界正处于百年未有之大变局中，中华民族也正致力于实现民族伟大复兴，在这样的国际国内两个大局相互激荡的宏阔背景下，中国共产党紧紧围绕全面建设社会主义现代化国家、全面推进中华民族伟大复兴的中心任务，继续推动新时代中国特色大国外交，向世界展现一个自信主动、立己达人、开放包容、重情尚义、不畏强权的大国形象。旗帜引领方向，方向凝聚力量。在党的二十大精神指引下，中国外交事业在新征程上定能继续攻坚克难、阔步前行，为实现全面建设社会主义现代化国家、全面推进中华民族伟大复兴的伟大事业和开创人类更加美好的未来再谱新篇。

## 四、全面推进中国特色大国外交

习近平总书记在党的二十大报告中强调："中国共产党是为中国人民谋幸福、为中华民族谋复兴的党，也是为人类谋进步、为世界谋大同的党。"这些重要论述旗帜鲜明地阐释了中国共产党的本质属性和使命宗旨，毫不含糊地明确了中国特色大国外交的政治立场和历史自觉。党的十八大以来，在习近平总书记擘画引领和亲力亲为下，中国特色大国外交奋进新时代新征程，展现新担当新风范，为服务民族复兴、促进人类进步作出了新的重要贡献。党的二十大报告对中国特色大国外交进行了系统总结和精练概括，提出了一系列重要论断，作出了一系列战略部署。我们要认真领悟报告精神，在习近平新时代中国特色社会主义思想旗帜下，进一步学习践行习近平外交思想，在全面建设社会主义现代化国家新征程上，不断开创中国特色大国外交新局面。

## （一）推进中国特色大国外交是新时代党和国家事业发展的必然要求

### 1.践行党的初心使命，需要推进中国特色大国外交

一百多年来，中国共产党始终把为人类作出新的更大贡献清晰地书写在自己的旗帜上，坚定地落实到自己的行动中，赋予中国外交与西方传统大国外交截然不同的底色和特征。党的本质属性决定了中国外交必须始终坚持以中国特色社会主义为根本增强战略自信，坚定捍卫党领导人民选择的社会主义道路；党的使命宗旨决定了中国外交必须始终坚持维护世界和平、促进共同发展，推动构建人类命运共同体；党的价值追求决定了中国外交必须始终坚持独立自主，弘扬公平正义，坚守人间正道。

### 2.实现民族伟大复兴，需要推进中国特色大国外交

党的十八大以来，我国综合国力和国际地位显著提升，日益走近世界舞台中央，中华民族迈向伟大复兴的步伐不可阻挡。行百里者半九十，越是接近实现目标，越将面临风高浪急甚至是惊涛骇浪的风险考验。国际体系变革期的不确定不稳定因素日益突出，我国发展进入战略机遇和风险挑战并存、不确定难预料因素增多的时期，伟大复兴必然伴随具有许多新的历史特点的伟大斗争。我们必须统筹国内国际两个大局，开展更具全球视野、更富进取精神、更有中国特色的大国外交，为实现民族复兴营造和平稳定的国际和地区环境。

### 3.应对世界百年变局，需要推进中国特色大国外交

当今世界，国际力量对比和全球格局正在经历深刻演变，世界多极化、经济全球化、国际关系民主化潮流势不可当。同时，单边主义、保护主义、霸权主义依然横行，世界进入新的动荡变革期。习近平总书记强调："世界那么大，问题那么多，国际社会期待听到中国声音、看到中国方案，中国不能缺席。"作为有着5000多年文明积淀的大国，作为联合国安理会常任理事国，我们有必要通过开展具有自身特色的大国外交，履行承担的国际责任与义务，同各国一道走出一条和平发展、合作共赢的新路，弘扬全人类共同价值，携手构建人类命运共同体。

迈入新时代，立足新方位，以习近平同志为核心的党中央高瞻远瞩，胸怀天下，统筹中华民族伟大复兴战略全局和世界百年未有之大变局，指出我国对外工作要"展现新气象，实现新作为，奋力开创新时代中国特色大国外交新局面"，对中国特色大国外交进行了顶层设计和全局谋划。

2014 年，习近平总书记在中央外事工作会议上首次提出，中国必须有自己特色的大国外交，使我国对外工作有鲜明的中国特色、中国风格、中国气派。2017 年，习近平总书记在党的十九大报告中明确提出"全面推进中国特色大国外交"，并将其纳入新时代坚持和发展中国特色社会主义的指导思想和战略部署。2018 年，习近平总书记在中央外事工作会议上强调，我国对外工作要牢牢把握服务民族复兴、促进人类进步这条主线，推动构建人类命运共同体，努力开创中国特色大国外交新局面。习近平总书记的一系列重要论述，明确了新时代中国外交的指导思想、使命任务、战略布局、独特风范，为我们全方位开展中国特色大国外交指明了正确方向、确立了基本方略。

### （二）奋力谱写新时代中国特色大国外交新篇章

2023 年是全面贯彻落实党的二十大精神的开局之年。外交战线将坚持以习近平新时代中国特色社会主义思想为指导，认真学习宣传贯彻党的二十大精神，

**相关链接**

中国外交踏上新征程
在大变局中开拓前行

更加紧密团结在以习近平同志为核心的党中央周围，深刻领悟"两个确立"的决定性意义，增强"四个意识"、坚定"四个自信"、做到"两个维护"，奋力谱写新时代中国特色大国外交新篇章。

#### 1. 全力服务保障元首外交和中心工作

精心做好元首外交服务保障，展现新时代新征程党和国家事业发展的新气象。对标党和国家中心任务，深入贯彻新发展理念，为实现高质量发展争取更有利外部条件。主动识变应变求变，全力防范化解重大外部风险挑战。

#### 2. 积极拓展平等、开放、合作的全球伙伴关系

推动构建和平共处、总体稳定、均衡发展的大国关系格局，深化中俄战略互信和互利合作，夯实两国全面战略协作伙伴关系；落实中美元首达成的共识，探讨确立中美关系指导原则并校正航向；密切中欧高层往来和战略沟通，推动中欧关系行稳致远。坚持亲诚惠容理念和与邻为善、以邻为伴周边外交方针，深化同周边国家友好互信和利益融合。秉持真实亲诚理念和正确义利观，加强同发展中国家团结合作，维护和拓展发展中国家正当权益。

### 3. 不断推动建设开放型世界经济

坚持经济全球化正确方向，推动贸易和投资自由化便利化，助力世界经济复苏发展。高质量共建"一带一路"，让这条造福世界的"发展带"更加繁荣，惠及人类的"幸福路"更加宽广。在疫情防控取得重大成果基础上，为中外人员往来提供更多便利，维护产业链供应链稳定畅通，培育全球发展的新动能。

### 4. 坚决捍卫国家利益和民族尊严

旗帜鲜明反对一切霸权主义和强权政治，针锋相对回击外部势力干涉中国内政的图谋，坚定维护国家主权、安全、发展利益，同一切企图迟滞甚至阻断民族复兴进程的势力坚决斗争，牢牢掌握发展和安全的战略主动。

### 5. 积极参与全球治理体系改革和建设

高举构建人类命运共同体旗帜，大力弘扬全人类共同价值，以推动建设新型国际关系为路径，以落实全球发展倡议、全球安全倡议为依托，坚定维护以联合国为核心的国际体系、以国际法为基础的国际秩序，为全球发展和安全事业形成更多共识、促成更多行动。

### 6. 着力提升国际传播力和话语权

深入做好党的二十大精神阐释宣介，讲好中国共产党的故事、中国人民的故事，展现可信、可爱、可敬的中国形象。深入介绍中国式现代化的主要特色和本质特征，加强治国理政经验交流，增进国际社会对中国道路的理解和认同。

乘历史大势奋进，走人间正道致远。新征程上，外交战线将坚持以习近平新时代中国特色社会主义思想特别是习近平外交思想为指引，自信自强、守正创新，胸怀天下、踔厉奋发，不断开创中国特色大国外交新局面，为全面建设社会主义现代化国家、全面推进中华民族伟大复兴营造更加主动有利的外部环境！

拓展阅读

#### 为世界的稳定繁荣贡献中国智慧和力量

中国全国两会持续吸引世界目光。作为世界第二大经济体和联合国安理会常任理事国，新征程上的中国如何推进大国外交、将产生哪些积极影响，是国际社会热议的话题。两会向世界传递明确而重要信息：中国将走和平发展道路，谋求互利共赢，推动全球治理朝着更加公正合理的方向发展。

中国将坚定奉行独立自主的和平外交政策，坚定奉行互利共赢的开放战略，始终做世界和平的建设者、全球发展的贡献者、国际秩序的维护者。

从肯尼亚、马里、塞内加尔，到俄罗斯、法国、英国，再到巴基斯坦、新加坡、印尼，我们的记者近日接触的多国人士，都表达了对中国为维护世界和平、促进共同发展不断贡献智慧和力量的期许。

## 破解安全困境　维护世界和平

"中国的和平发展理念得到世界上许多国家的支持，发展中国家尤其受益良多。"肯尼亚国际问题学者卡文斯·阿德希尔说。

环顾全球，世界并不太平。地缘冲突、集团对抗、恐怖主义、生态破坏等各种传统和非传统安全威胁交织叠加，恃强凌弱、强权政治等霸权行径危害加重。破解全球安全困境、实现普遍安全和持久和平，世界把目光更多投向中国。

"中国一向主张和平，是和平共处五项原则的提出者和倡导者，呼吁通过对话协商的方式解决国际纠纷，并以实际行动为维护世界和平作出重要贡献。"古巴国际政治研究中心学者爱德华多·雷加拉多说。

新时代中国外交的理念和声音，在世界很多地方回响。在西非国家马里，局势动荡、冲突频仍、自然环境恶劣，中国维和部队奋力执行任务、帮助平民。"我们特别感谢中国维和部队，在最困难的时候给予我们最真切的帮助。"马里城市加奥的一位居民说。马里社会学家阿卜杜拉赫曼·迪科说，中国维和部队在保护马里的和平稳定方面发挥重要作用。对和平的呵护、对安全的守护，以中国的一个个具体行动跃入世界眼帘、深入人们心中。

"冲出迷雾走向光明，最强大的力量是同心合力，最有效的方法是和衷共济。"2022年4月的博鳌亚洲论坛年会开幕式上，中国国家主席习近平面向世界首次提出全球安全倡议，倡导各国共担维护和平责任，同走和平发展道路。

2023年2月，中国外交部正式发布《全球安全倡议概念文件》。国际社会普遍认为，在人类历史发展演变的关键时刻，全球安全倡议顺应世界各国坚持多边主义、维护国际团结的共同追求，回应新形势下国际社会共同的安全关切，对人类实现持久和平与长远发展具有重要意义。

乌克兰危机全面升级经年有余，对全球负面溢出效应不断显现和加剧。国际社会普遍期待平息战火、实现和平。2月底，中国政府发布《关于政治解决乌克兰危机的中国立场》文件，为解决危机提出全面、综合、可行的方案，彰显中国作为世界和平维护者的负责任大国担当。

"在全球安全倡议下，中国致力于通过对话谈判实现安全。"长期关注中国发展的英国48家集团俱乐部副主席基思·贝内特指出，中国提出的和平解决冲突和争端的主张无疑有助于防止战争爆发或蔓延。这不仅体现在推动解决乌克兰危机问题上，还体现在推动解决朝鲜半岛问题、伊朗核问题、阿富汗问题等方面。

"中国的外交政策受到国际社会特别是发展中国家的广泛欢迎，为全球和平与稳定作出了重大贡献。"贝内特说。

从和平共处五项原则，到坚守独立自主的和平外交政策，从提出构建人类命运共同体理念，到提出全球发展倡议、全球安全倡议，"以和为贵""和合共生"的中华民族文明基因，始终贯穿于中国方案中。

"中国坚持和平、平等、友好的外交政策，体现出'让我们共同发展'的价值取向。"伊朗伊斯兰共和国通讯社资深编辑、中国问题专家穆罕默德·礼萨·马纳菲感慨，"中国作为世界大国，正努力推动世界实现和平、安全与稳定，是一个可靠的和平支持者。"

### 共享发展机遇　促进共同繁荣

手捧丰收水稻，塞内加尔最北部吉亚村村长拉辛难掩笑意。吉亚村终年高温少雨，是个偏远贫穷的村落。中国农业专家到来后，利用技术专长，与当地百姓一起在田间地头劳作，帮助稻农走上了脱贫致富道路，为塞内加尔逐渐摆脱粮食主要靠进口的负担作出贡献。"中国人把知识送到了家门口。"拉辛说。

"中国发展将启迪包括塞内加尔在内的世界各国。"塞内加尔中国问题专家、《太阳报》前驻华记者阿马杜·迪奥普走访过多个中国城市，中国的脱贫成就和绿色发展令他赞不绝口，"中国为世界其他国家寻求发展路径提供了绝佳经验和启示。"

党的二十大擘画出全面建设社会主义现代化国家、以中国式现代化全面推进中华民族伟大复兴的宏伟蓝图。在跟踪关注中国两会进程的海外人士看来，中国式现代化不仅为中国同世界各国合作提供新的机遇，也破解了人类社会发展的诸多难题，创造了人类文明新形态，带来重要启示。

"中国的现代化道路不仅是中国的，对发展中国家及全世界都有借鉴意义。"曾在中国工作生活12年的斯里兰卡—中国社会文化合作协会主席阿贝塞克拉对中国式现代化进程深有体会。他说："当我们在讨论哪个国家最值得学习的时候，中国是最佳选择。"

新加坡国立大学东亚研究所助理所长陈刚认为，中国式现代化是涉及科技、农业、社会文化等诸多领域的全面现代化进程，为中国与东南亚地区合作创造了新机遇，有助于推动实现区域一体化发展。

在保护主义、单边主义抬头，"脱钩断链"搅动世界的国际背景下，中国始终以开放促合作，以合作谋发展，同各方共享机遇，致力于实现共同发展，维护开放包容的世界经济，以中国新发展为世界提供新机遇。

2021年9月，习近平主席提出全球发展倡议，引导各方共同推动全球发展迈向平衡协调包容新阶段。在2022年6月举行的全球发展高层对话会上，习近平主席倡导共创普惠平衡、协调包容、合作共赢、共同繁荣的发展格局，并就推动落实全球发展倡议宣布了一系列务实举措。这一倡议得到国际社会热烈响应，目前已有100多个国家和包括联合国在内多个国际组织支持倡议，近70个国家加入"全球发展倡议之友小组"，全球共谋发展的力量在不断壮大。

跨越国与国的距离，"澜沧号"动车穿行在老挝的崇山峻岭之中，中老铁路铺架起两国人民的发展路、幸福路、友谊路；超大悬索桥马普托大桥飞架天险，直接带动莫桑比克旅游、物流等行业发展；中欧班列安全高效畅通运行，开行数量屡创新高……2013年以来，"一带一路"倡议的扎实推进让中国发展机遇更多惠及各国人民。

"中国外交政策的鲜明特点是致力于实现合作共赢。"法国国际问题专家布鲁诺·吉格表示，中国与加入"一带一路"倡议的国家建立了平衡和互利的伙伴关系，一个和平与包容的世界只能通过具体的合作和切实的发展项目来实现，"一带一路"倡议成为完全契合这一要求的国际合作平台。

如今，"一带一路"倡议已吸引世界上超过四分之三的国家和32个国际组织参与，拉动近万亿美元投资规模，形成3000多个合作项目，为沿线国家创造42万个工作岗位，让将近4000万人摆脱贫困。2023年，中国将以主办第三届"一带一路"国际合作高峰论坛为契机，与有关各方一道推动"一带一路"取得更丰硕的成果。

"中企承建的公路、铁路、港口和机场等基础设施加强了非洲大陆内部的互联互通，推进了非洲一体化进程。"尼日利亚中国研究中心主任查尔斯·奥努纳伊朱说，"以前非洲被西方国家视为'没有希望的大陆'，如今人们更多地在谈论非洲共同市场和非洲机遇等。非洲国家对中国政府继续推动对外开放、高质量共建'一带一路'充满期待。"

### 发展伙伴关系　推动构建人类命运共同体

2023年新年伊始，多国领导人接连访华。中国与各国合作立足新起点，不断创建新未来。

志同道合，是伙伴。求同存异，也是伙伴。广交朋友、深化合作，不断扩大与各国的利益交汇点，中国建设新型国际关系之路越走越宽广。

"俄中两国塑造了大国相交的典范。高效、有责任、有担当、面向未来的大国关系在国际局势中发挥着重要的稳定作用。"俄罗斯高等经济大学欧洲与国际综合研究中心主任瓦西里·卡申说。

"作为全天候战略合作伙伴，中国对巴基斯坦来说非常重要，巴基斯坦始终从这一伙伴关系中受益。"巴基斯坦欧亚世纪研究所所长伊尔凡·沙赫扎德·塔卡尔维说，"现在中国已经在地区和全球层面发展了更多新的伙伴关系，巴基斯坦也正从中受益。"塔卡尔维强调，中国外交始终坚持带动周边国家，尤其是发展中国家共同发展，中国是周边国家发展稳定的源泉。而中国的这一稳定作用不仅在本地区，也在全球范围内发挥着重要作用。

"单边主义、任性挥舞霸权'大棒'是造成当今世界地缘政治环境持续紧张的重要原因。"新加坡时事评论员翁德生指出，"国家间发展健康的伙伴关系才能实现良性互动，从而促进合作发展、服务人民福祉。中国作为全球化的积极推动力量，坚决反对冷战思维和阵营对抗，推动构建人类命运共同体，体现了大国风范，弥补了国际治理赤字。"

面对世界的变乱交织，中国以多边主义为路径，推动构建人类命运共同体，推进国际关系民主化，推动全球治理朝着更加公正合理的方向发展，符合世界期待，也为全球注入更多稳定性。

"中国长期以来积极弘扬全人类共同价值，践行真正的多边主义，维护以联合国为核心的国际体系，捍卫以国际法为基础的国际秩序，致力于推动构建人类命运共同体，为人类进步事业作出巨大贡献。"印尼智库亚洲创新研究中心主席班邦·苏尔约诺表示。

"作为世界大国，中国坚信，面对层出不穷的全球性危机，在多边主义旗帜下加强团结合作，共同推动构建人类命运共同体，才是应对国际危机的最佳途径。"埃及阿拉伯研究中心顾问、国际关系和政治经济研究专家阿布·贝克尔·迪卜说。

"构建人类命运共同体理念是基于广泛包容性的国际合作，旨在与拥有不同文明和文化、不同社会经济制度和不同发展道路的各国相互协作。"俄罗斯人民友谊大学副教授奥列格·季莫费耶夫强调说，构建人类命运共同体理念越来越受到各国的广泛欢迎和响应，为动荡不安的国际环境注入了稳定性。

（资料来源：《光明日报》2023 年 3 月 9 日）

**阅读推荐**

1. 中国国际问题研究院：《国际形势和中国外交蓝皮书（2022/2023）》，世界知识出版社 2023 年版。

2. 梁志：《新世纪以来当代中国外交史研究述评》，《中国共产党史研究》2022 年第 6 期。

3. 查建国、陈炼、李想：《中国外交新使命与全球伙伴关系》，中国社会科学网，http://www.cssn.cn/skgz/bwyc/202303/t20230315_5607702.shtml。

 **思考题**

1. 新时代中国外交的历史性成就有哪些？

2. 新征程上中国特色大国外交的新指引指的是哪些方面？

3. 如何奋力谱写新时代中国特色大国外交新篇章？

# 2023年上半年国内、国际时事热点汇总

## 2023年上半年国内时事热点汇总

### 1月国内时事热点

1. 1月1日出版的第1期《求是》杂志将发表中共中央总书记、国家主席、中央军委主席习近平在党的二十届一中全会上的讲话《为实现党的二十大确定的目标任务而团结奋斗》。

2. 1月4日下午，国家主席习近平在人民大会堂同来华进行国事访问的菲律宾总统马科斯举行会谈。这是马科斯首次正式访问东盟以外国家，也是2023年中方接待的首位外国领导人。习近平指出，我愿同你保持经常性战略沟通，全面规划双边关系下步发展，做互帮互助的好邻居、相知相近的好亲戚、合作共赢的好伙伴，为两国人民带来更多福祉，为地区和平稳定贡献更多正能量。双方已经确立农业、基建、能源、人文四大重点合作领域，这是支撑中菲全面战略合作关系的"四梁八柱"，要下大力气培育增长点、打造新亮点。

3. 1月5日，2023年全国出版（版权）工作会议在京召开。会议强调，要围绕宣传阐释党的二十大精神做好主题出版，深化全民阅读活动，以高度的政治判断力、政治领悟力、政治执行力做好出版工作。要推进文化自信自强，打造更多满足人民文化需求、增强人民精神力量的时代精品。要坚持以高质量发展为主题，构建出版业发展新格局。要压紧压实政治责任，提高行业治理能力水平。要坚持"出精品"与"出人才"并重，夯实出版业高质量发展的人才基础。

4. 1月9日，习近平总书记出席二十届中央纪委二次全会并发表重要讲话。这是总书记连续第11次在新年伊始出席中央纪委全会，也是党的二十大之后首次出席这一重要会议。习近平总书记用"六个如何"阐释了"大党独有难题"的主要内涵：如何始终不忘初心、牢记使命，如何始终统一思想、统一意志、统一行动，如何始终具备强大的执政能力和领导水平，如何始终保持干事创业精神状态，如何始终能够及时发现和解决自身存在的问题，如何始终保持风清气正的政治生态，都是我们这个大党必须解决的独有难题。

5. 1月13日，海关总署发布，2022年我国货物贸易进出口总值42.07万亿元，比2021年增长7.7%。我国进出口总值首次突破了40万亿元关口，在2021年高基数的基础上继续保持稳定增长，规模再创历史新高，连续6年保持世界第一货物贸易大国地位。

6. 1 月 13 日，国家林草局消息，2022 年我国完成造林 5745 万亩、种草改良 4821 万亩、治理沙化石漠化土地 2771 万亩，实现了 1 亿亩的既定目标。

7. 1 月 22 日，"探索一号"科考船搭载"奋斗者"号全海深载人潜水器在位于东南印度洋蒂阿蔓蒂那海沟最深点完成深潜作业后，成功回收。这是人类历史上首次抵达该海沟的最深点。

8. 1 月 28 日，国家骨科医学中心成立，这是我国设置的第 13 个专业类别的国家医学中心。中心将在疑难危重症诊断与治疗、高层次医学人才培养、高水平基础医学研究等方面发挥引领作用。

### 2 月国内时事热点

1. 2 月 2 日，农历正月十二，第 27 个世界湿地日中国主场宣传活动在杭州西溪国家湿地公园举行，2023 年世界湿地日将主题定为"湿地修复"。

2. 2 月 3 日上午，全国法院 2023 年党风廉政建设和反腐败工作会议以视频方式召开。会议强调，各级法院党组要充分履行主体责任，领导班子成员要坚持严于律己、严负其责、严管所辖，切实把"一岗双责"落实到位。

3. 2 月 10 日 0 时 16 分，经过约 7 小时的出舱活动，"神舟十五号"航天员圆满完成出舱活动全部既定任务。这是中国空间站全面建成后航天员首次出舱活动，费俊龙、张陆首次漫步太空，再次成功圆梦。

4. 习近平总书记 2 月 9 日给第 19 批援助中非共和国的中国医疗队队员回信。习近平在回信中说，今年是中国援外医疗队派遣 60 周年，谨向正在和曾经执行援外医疗任务的同志们致以诚挚的慰问。希望你们不忘初心、牢记使命，大力弘扬不畏艰苦、甘于奉献、救死扶伤、大爱无疆的中国医疗队精神，以仁心仁术造福当地人民，以实际行动讲好中国故事，为推动构建人类卫生健康共同体作出更大贡献。

5. 2 月 11 日，中国体育仲裁委员会在京召开成立会议暨第一届委员会第一次全体会议。中国体育仲裁委员会是由国家体育总局依法设立的、全国唯一的、专门处理体育领域纠纷的仲裁机构。

6. 2 月 16 日，国家主席习近平向"中国＋中亚五国"产业与投资合作论坛致贺信。习近平指出，中国愿同中亚国家共享超大规模市场、完备产业体系和先进技术，深化务实合作，实现互利共赢，携手推进区域经济高质量发展，构建更加紧密的中国—中亚命运共同体。"中国＋中亚五国"产业与投资合作论坛当日在山东省青岛市开幕，主题为"互利共赢，携手推进区域经济高质量发展"。

7. 2 月 21 日，"全球安全倡议：破解安全困境的中国方案"蓝厅论坛在北京举行，外交部长秦刚出席开幕式并发表主旨演讲，宣布中方正式发布《全球安全倡议概念文件》，并强调，中国将坚持五大原则：一是相互尊重；二是开放包容；三是多边主义；四是互利共赢；五是统筹兼顾。

8. "把雷锋精神代代传承下去——纪念毛泽东等老一辈革命家为雷锋同志题词六十周年"座谈会2月23日在京召开。会上传达了习近平总书记的重要指示。习近平强调，新征程上，要深刻把握雷锋精神的时代内涵，让雷锋精神在新时代绽放更加璀璨的光芒，为全面建设社会主义现代化国家、全面推进中华民族伟大复兴凝聚强大力量。

## 3 月国内时事热点

1. 十四届全国人大一次会议于3月5日上午在京开幕，于13日上午闭幕，会期8天半。大会议程共有9项，包括审议政府工作报告等6个报告，审议《中华人民共和国立法法（修正草案）》的议案，审议国务院机构改革方案，选举和决定任命国家机构组成人员。

2. 3月7日，十四届全国人大一次会议在北京人民大会堂举行第二次全体会议。受国务院委托，国务委员兼国务院秘书长肖捷作关于国务院机构改革方案的说明。这次国务院机构改革的具体内容如下：重新组建科学技术部；组建国家金融监督管理总局；深化地方金融监管体制改革；中国证券监督管理委员会调整为国务院直属机构；统筹推进中国人民银行分支机构改革；完善国有金融资本管理体制；加强金融管理部门工作人员统一规范管理；组建国家数据局；优化农业农村部职责；完善老龄工作体制；完善知识产权管理体制；国家信访局调整为国务院直属机构；精减中央国家机关人员编制。按照上述方案调整后，除国务院办公厅外，国务院设置组成部门仍为26个。

3. 3月10日，十四届全国人大一次会议在北京人民大会堂举行第三次全体会议。习近平全票当选为中华人民共和国主席、中华人民共和国中央军事委员会主席。赵乐际当选为第十四届全国人大常委会委员长，韩正当选为中华人民共和国副主席。

4. 中共中央总书记、国家主席习近平3月15日在北京出席中国共产党与世界政党高层对话会，并发表题为《携手同行现代化之路》的主旨讲话。他强调，面对一系列现代化之问，政党作为引领和推动现代化进程的重要力量，有责任作出回答。中国共产党将始终把自身命运同各国人民的命运紧紧联系在一起，努力以中国式现代化新成就为世界发展提供新机遇，为人类对现代化道路的探索提供新助力，为人类社会现代化理论和实践创新作出新贡献。

5. 3月15日19时41分，我国在酒泉卫星发射中心使用长征十一号运载火箭，成功将试验十九号卫星发射升空，卫星顺利进入预定轨道，发射任务获得圆满成功。

6. 科学技术部高技术研究发展中心于 3 月 17 日发布 2022 年度中国科学十大进展，分别为："祝融号"巡视雷达揭秘火星乌托邦平原浅表分层结构；FAST 精细刻画活跃重复快速射电暴；全新原理实现海水直接电解制氢；揭示新冠病毒突变特征与免疫逃逸机制；实现高效率的全钙钛矿叠层太阳能电池和组件；新原理开关器件为高性能海量存储提供新方案；实现超冷三原子分子的量子相干合成；温和压力条件下实现乙二醇合成；发现飞秒激光诱导复杂体系微纳结构新机制；实验证实超导态"分段费米面"。

7. 3 月 21 日下午，国家主席习近平在莫斯科克里姆林宫同俄罗斯总统普京举行会谈。习近平指出，中俄互为彼此最大邻国，同俄罗斯巩固和发展长期睦邻友好关系，符合历史逻辑，是中方的战略抉择，不会因一时一事而改变。自我 10 年前首次对俄进行国事访问以来，中俄双方相互尊重、相互信任、互利互惠，两国关系历久弥坚，呈现更加全面、更加务实、更具战略性的特点。今年是中国全面贯彻落实中共二十大精神的开局之年，我们将加快构建新发展格局，着力推动高质量发展，全面推进中国式现代化。

8. 3 月 26 日，国家主席习近平向中国发展高层论坛 2023 年年会致贺信。习近平指出，促进复苏需要共识与合作。中国提出全球发展倡议，得到国际社会的广泛支持和积极响应。中国将坚持对外开放的基本国策，坚定奉行互利共赢的开放战略，不断以中国新发展为世界提供新机遇。中国将稳步扩大规则、规制、管理、标准等制度型开放，推动各国各方共享制度型开放机遇。中国发展高层论坛 2023 年年会经济峰会在北京钓鱼台国宾馆举行。本届论坛主题为"经济复苏：机遇与合作"。

9. 3 月 28 日，2022 年度全国十大考古新发现在北京揭晓，湖北十堰学堂梁子遗址、山东临淄赵家徐姚遗址、山西兴县碧村遗址、河南偃师二里头都邑多网格式布局、河南安阳殷墟商王陵及周边遗存、陕西旬邑西头遗址、贵州贵安新区大松山墓群、吉林珲春古城村寺庙址、河南开封州桥及附近汴河遗址、浙江温州朔门古港遗址入选。

## 4 月国内时事热点

1. 4 月 2 日 16 时 48 分，"天龙二号遥一"运载火箭在我国酒泉卫星发射中心成功首飞，将搭载的"爱太空科学号"卫星顺利送入预定轨道，"天龙二号遥一"运载火箭成功首飞开辟了我国商业航天从固体向液体运载火箭跨越的新时代。

2. 4 月 3 日，国新办举行第六届数字中国建设峰会新闻发布会。从会上获悉，我国数字经济规模稳居世界第二，数字基础设施实现"市市通千兆、县县通 5G、村村通宽带"，数字产业规模稳步增长，电子政务发展指数进入全球前列。

3. 4 月 8 日至 10 日，第 58·59 届中国高等教育博览会在重庆举办。本次博览会以"校地聚合·产教融合：高质量发展"为主题，推出高新装备展览展示、高水平会议论坛、信息化及高端成果发布三大板块。

4. 中国海油 4 月 10 日对外宣布，"深海一号"超深水大气田完成远程遥控生产改造与调试工作，具备在台风期间保持连续安全稳定生产能力，成为世界首个具备遥控生产能力的超大型深水半潜式生产储油平台，向全面建成超深水智能气田迈出关键一步。

5. 第 122254 次实验！4 月 12 日 21 时，中国有"人造太阳"之称的全超导托卡马克核聚变实验装置（EAST）创造新的世界纪录，成功实现稳态高约束模式等离子体运行 403 秒，对探索未来的聚变堆前沿物理问题，提升核聚变能源经济性、可行性，加快实现聚变发电具有重要意义。

6. 4 月 15 日，世界最大跨度悬索桥——江苏张靖皋长江大桥关键控制性工程，南航道桥南主塔桩基施工完成，标志着这座拥有六个"世界之最"、六项"世界首创"的大桥索塔施工进入新阶段。六个"世界之最"指的是世界最大跨度悬索桥、世界最高悬索桥索塔、世界最长高强度主缆、世界最大复合地连墙锚碇基础、世界最长连续长度钢箱梁、世界最大位移量伸缩装置。

7. 4 月 16 日 9 时 36 分，我国在酒泉卫星发射中心使用"长征四号乙"运载火箭成功将"风云三号 07"星发射升空，卫星顺利进入预定轨道，发射任务获得圆满成功。"风云三号 07"星主要为气象预报预测、防灾减灾、气候变化应对和生态文明建设等领域提供更优质服务。

8. 4 月 21 日，国家主席习近平向在上海"世界会客厅"举办的"中国式现代化与世界"蓝厅论坛致贺信。习近平指出，实现现代化是近代以来中国人民的不懈追求，也是世界各国人民的共同追求。一个国家走向现代化，既要遵循现代化的一般规律，更要符合本国实际、具有本国特色。

9. 2023 年 4 月 22 日是第 54 个世界地球日，以"珍爱地球人与自然和谐共生"为主题的地球日主场活动在福建省福州市举行。自然资源部会同生态环境部、林草局等部门，结合《全国国土空间规划纲要（2021—2035 年）》编制，完成了全国生态保护红线的划定。全国生态保护红线不低于 315 万平方公里，其中陆域生态保护红线不低于 300 万平方公里，占陆域国土面积的 30% 以上，海洋生态保护红线不低于 15 万平方公里。

10. 4月24日，国家航天局和中国科学院联合发布了中国首次火星探测火星全球影像图。国际天文联合会根据相关规则，将22个地理实体，以中国人口数小于10万的历史文化名村名镇加以命名，把中国标识永久刻印在火星大地。

11. 4月26日，十四届全国人大常委会第二次会议表决通过青藏高原生态保护法。法律自2023年9月1日起施行。这部法律坚持生态保护第一，聚焦青藏高原生态保护的主要矛盾、特殊问题、突出特点，统筹推进山水林田湖草沙冰综合治理、系统治理、源头治理，为青藏高原生态保护和可持续发展提供法治保障。

12. 中央网信办副主任、国家网信办副主任曹淑敏4月27日在第六届数字中国建设峰会开幕式上发布《数字中国发展报告（2022年）》。报告指出，2022年我国数字经济规模达50.2万亿元，总量稳居世界第二，占GDP比重提升至41.5%，数字经济成为稳增长促转型的重要引擎。

13. 中共中央政治局4月28日召开会议，分析研究当前经济形势和经济工作。中共中央总书记习近平主持会议。会议认为，在以习近平同志为核心的党中央坚强领导下，各地区各部门更好统筹国内国际两个大局，更好统筹疫情防控和经济社会发展，更好统筹发展和安全，2023年以来，我国疫情防控取得重大决定性胜利，经济社会全面恢复常态化运行，宏观政策靠前协同发力，需求收缩、供给冲击、预期转弱三重压力得到缓解，经济增长好于预期，市场需求逐步恢复，经济发展呈现回升向好态势，经济运行实现良好开局。会议强调，恢复和扩大需求是当前经济持续回升向好的关键所在。要全面深化改革、扩大高水平对外开放。要切实保障和改善民生，强化就业优先导向，扩大高校毕业生就业渠道，稳定农民工等重点群体就业。

## 5月国内时事热点

1. 5月1日，国网浙江电力利用"数字孪生"技术实现杭州亚运村主干网的全息数字化呈现，这在国际大型赛事的电网保障上是首次应用，也是国内首次建成覆盖整个区域性电网的数字孪生电网。

2. 5月6日中国物流与采购联合会表示，2022年，我国社会物流总额达347.6万亿元，同比增长3.4%，我国物流市场规模连续7年位居全球第一。

3. 5月10日晚间，我国在文昌航天发射场用"长征七号"运载火箭成功发射"天舟六号"货运飞船。这是2023年我国载人航天工程任务的首次发射，也是我国空间站应用与发展阶段首次飞行任务。本次发射的"天舟六号"货运飞船，承担着空间站物资保障、在轨支持和空间科学实验的任务。"天舟六号"货运飞船有着"不凡"的身份——我国载人空间站应用与发展阶段发射的首发航天器；我国改进型货运飞船首发船；世界现役货物运输能力最大、在轨支持能力最全的货运飞船。

4. 国家重大科技基础设施——高海拔宇宙线观测站"拉索"（LHAASO）5 月 10 日顺利通过国家验收。"拉索"位于四川省稻城县海子山，平均海拔 4410 米，观测性能创造了多项"世界之最"。"拉索"集合了三项"世界之最"：最灵敏的超高能伽马射线探测装置，最灵敏的甚高能伽马射线源巡天普查望远镜，能量覆盖范围最宽的超高能宇宙线复合式立体测量系统。

5. 5 月 12 日上午，西安航天动力研究所自主研究设计的 130 吨级重复使用液氧煤油补燃循环发动机在铜川大推力液体动力试验台试车取得圆满成功，标志着亚洲最大液体火箭发动机试车台拓展试验型谱，在发动机研试技术领域取得新突破。

6. 5 月 13 日，在广东珠江口盆地水深近百米的海域，重量超过 15000 吨的中海油恩平 20-4 海上钻采平台与海底导管架对接成功，创造了我国海上油气平台动力定位浮托安装重量的新纪录，填补了国内技术空白。

7. 5 月 16 日，主题为"深化务实合作 携手共向未来"的第三届中国—中东欧国家博览会暨国际消费品博览会在宁波开幕，展现出开放合作新气象。

8. 5 月 17 日 10 时 49 分，我国在西昌卫星发射中心用"长征三号乙"运载火箭，成功发射第五十六颗北斗导航卫星。该卫星属地球静止轨道卫星，是我国北斗三号工程的首颗备份卫星。此次发射是北斗三号工程高密度组网之后，时隔 3 年的首发任务。

9. 5 月 19 日上午，国家主席习近平在陕西省西安市国际会议中心主持中国—中亚峰会，在主旨讲话中就中国同中亚国家合作提出"八点建议"。习近平指出，这次峰会为中国同中亚合作搭建了新平台，开辟了新前景。中方愿以举办这次峰会为契机，同各方密切配合，将中国—中亚合作规划好、建设好、发展好。一是加强机制建设。二是拓展经贸关系。三是深化互联互通。四是扩大能源合作。五是推进绿色创新。六是提升发展能力。七是加强文明对话。八是维护地区和平。中国和中亚国家元首同意，以举办这次峰会为契机，正式成立中国—中亚元首会晤机制，每两年举办一次，轮流在中国和中亚国家举办。下次峰会将于 2025 年在哈萨克斯坦举行。

10. 5 月 24 日，国家主席习近平应邀以视频方式出席欧亚经济联盟第二届欧亚经济论坛全会开幕式并致辞。习近平强调，对于这样的时代之问、历史之问，中国的答案是明确的。我先后提出全球发展倡议、全球安全倡议、全球文明倡议，呼吁各国共同致力于建设持久和平、普遍安全、共同繁荣、开放包容、清洁美丽的世界，推动构建人类命运共同体。今年是我提出共建"一带一路"

倡议十周年。这个倡议的根本出发点和落脚点，就是探索远亲近邻共同发展的新办法，开拓造福各国、惠及世界的"幸福路"。欧亚经济联盟第二届欧亚经济论坛于5月24日在俄罗斯莫斯科以线上线下结合方式举行，主题为"多极化世界中的欧亚一体化"。

11. 在5月29日举行的"神舟十六号"载人飞行任务新闻发布会上，经空间站应用与发展阶段飞行任务总指挥部研究决定，我国将于5月30日9时31分发射"神舟十六号"载人飞船。"神舟十六号"航天员乘组由景海鹏、朱杨柱、桂海潮3名航天员组成。

## 6月国内时事热点

1. 6月4日6时33分，"神舟十五号"载人飞船返回舱在东风着陆场成功着陆，航天员费俊龙、邓清明、张陆全部安全顺利出舱，"神舟十五号"载人飞行任务取得圆满成功。3名航天员在轨驻留期间，完成大量空间科学实（试）验，进行了4次出舱活动，圆满完成舱外扩展泵组安装、跨舱线缆安装接通、舱外载荷暴露平台支撑杆安装等任务，配合完成空间站多次货物出舱任务，为后续开展大规模舱外科学与技术实验奠定了基础。

2. 6月5日，国家自然博物馆在北京正式揭牌，标志着我国自然博物馆发展历程翻开崭新一页。国家自然博物馆是中国唯一的国家级、综合性自然博物馆，代表国家保护、研究、收藏、阐释和展示自然物以及人类社会发展过程中具有历史、科学和艺术价值的自然遗产。

3. 6月6日，首艘国产大型邮轮"爱达·魔都号"出坞，国产大型邮轮实现零的突破。这艘国产大型邮轮的交付运营，标志着中国将成为继德国、法国、意大利、芬兰之后，全球第五个具有建造大型邮轮能力的国家。

4. 首届文化强国建设高峰论坛6月7日下午在深圳开幕。中共中央总书记、国家主席、中央军委主席习近平发来贺信，代表党中央表示热烈祝贺。习近平强调，我们要全面贯彻新时代中国特色社会主义思想和党的二十大精神，更好担负起新的文化使命，坚定文化自信，秉持开放包容，坚持守正创新，激发全民族文化创新创造活力，在新的历史起点上继续推动文化繁荣、建设文化强国、建设中华民族现代文明，不断促进人类文明交流互鉴，为强国建设、民族复兴注入强大精神力量。首届文化强国建设高峰论坛主题为"推进文化自信自强促进文明交流互鉴"。

5. 6月10日，正逢我国第18个文化和自然遗产日，首批五个非遗学田野教学基地在天津大学冯骥才文学艺术研究院宣告成立。这五个基地为瑞安木活字印刷田野教学基地、西塘传统村落非遗田野教学基地、杨柳青年画田野教学基地、南通蓝印花布田野教学基地和天津皇会田野教学基地。

6. 6月11日8时，世界最长最宽钢壳混凝土沉管隧道——深中通道海底隧道最终接头顺利推出，与东侧E24管节精准对接，"海底长城"正式合龙，深圳和中山两市在伶仃洋海底"正式牵手"。

7. 6月12日下午，国家主席习近平在人民大会堂同来华进行国事访问的洪都拉斯总统卡斯特罗举行会谈。习近平强调，双方要把牢正确方向，深化政治互信。一个中国原则是中洪建交和发展双边关系的首要前提和政治基础，相信洪方将不折不扣落到实处。

8. 6月14日，国家主席习近平向全球人权治理高端论坛致贺信。习近平指出，当前，人类又一次站在历史的十字路口，全球人权治理面临严峻挑战。我们主张以安全守护人权，尊重各国主权和领土完整，同走和平发展道路，践行全球安全倡议，为实现人权创造安宁的环境；以发展促进人权，践行全球发展倡议，提高发展的包容性、普惠性和可持续性，以各具特色的现代化之路保障各国人民公平享有人权；以合作推进人权，相互尊重，平等相待，践行全球文明倡议，加强文明交流互鉴，通过对话凝聚共识，共同推动人权文明发展进步。

9. 6月20日11时18分，我国在太原卫星发射中心使用"长征六号"运载火箭，成功将"试验二十五号"卫星发射升空，卫星顺利进入预定轨道，发射任务获得圆满成功。"试验二十五号"卫星主要用于开展新型对地观测技术试验。这次任务是长征系列运载火箭的第477次飞行。

10. 6月21日，我国最大海上油田——渤海油田累产原油已突破5亿吨大关，为保障国家能源安全和推动经济社会发展作出重要贡献。渤海油田始建于1965年，是我国现代海洋石油工业的发源地。

11. 6月23日，我国航天领域首个大科学装置"地面空间站"正式建设完成。这是国际上首个综合环境因素最多、可实现多尺度和跨尺度环境效应研究的综合性研究装置，将为我国航天事业发展及人类太空探索贡献智慧和力量。

# 2023 年上半年国际时事热点汇总

## 1月国际时事热点

1. 1月2日，《区域全面经济伙伴关系协定》（RCEP）对印度尼西亚生效。印尼在中国—东盟自贸区基础上，新增给予我国700多个税号产品零关税待遇。2022年1月1日，《区域全面经济伙伴关系协定》（RCEP）正式生效，RCEP包括中国、日本、韩国、澳大利亚、新西兰和东盟十国。

2. 1月14日，在中越两国人民共同的传统节日——癸卯春节到来之际，中共中央总书记、国家主席习近平与越共中央总书记阮富仲互致新春贺信。习近平指出，一元复始，万象更新。中方视越南为具有战略意义的命运共同体和周边外交的优先方向。

3. 当地时间 1 月 14 日，法国发行兔年生肖邮票，迎接中国农历新年。当天发行的兔年生肖邮票一套两枚，面值分别为 1.16 欧元和 1.8 欧元，同时发行两张邮票小全张，分别包含 5 枚邮票。

4. 1 月 18 日，据英国《卫报》报道，英国气象局早期预测表明，2023 年晚些时候将再次出现厄尔尼诺现象，由于该现象的加热效应需要数月才能感受到，这意味着 2024 年更有可能创下新的全球最高气温纪录。

5. 当地时间 1 月 21 日，第 31 届世界大学生冬季运动会在美国普莱西德湖进行女子冰壶决赛。中国队以 6∶4 击败韩国队夺得冠军。这是中国代表团在本届运动会上获得的首枚金牌，也是中国队女子冰壶项目在境外大学生冬季运动会参赛历史上的最好成绩。

6. 当地时间 1 月 24 日，俄罗斯国家航天公司表示，俄罗斯计划于 2027 年建立自己的空间站。

## 2 月国际时事热点

1. 北京时间 2 月 2 日，巴基斯坦举办卡拉奇核电站 3 号机组（K-3）落成仪式。卡拉奇 K-2/K-3 是巴基斯坦规模最大的核电站，也是巴首个单机组百万千瓦级电力工程，由中核集团中国中原对外工程有限公司总承包。

2. 2023 年东盟旅游论坛 2 月 5 日在印度尼西亚日惹特区落下帷幕。本届论坛主题为"东盟：通往美好目的地的旅程"，促进疫后旅游业复苏成为讨论焦点。

3. 第六届中新法律和司法圆桌会议 2 月 7 日以视频方式举行，最高人民法院院长周强出席会议表示，希望两国最高法院加强交流互鉴、深化务实合作，为共建"一带一路"高质量发展提供有力司法服务。

4. 柬埔寨王国首相洪森亲王于 2 月 9 日至 11 日应邀对中华人民共和国进行正式访问。双方同意从政治、产能、农业、能源、安全和人文六大领域入手，打造中柬"钻石六边"合作架构。

5. 2 月 10 日，由古巴共产党的理论和政治机关刊物《古巴社会主义者》主办的第一届国际左翼政党和运动理论出版物会议在古巴首都哈瓦那开幕。

6. 第六届全球可持续科技和创新大会 2 月 13 日在里约热内卢开幕，这是该会议首次在美洲召开。本次会议的主题是"为了一个公平和可持续的未来：利用科技创新实现疫情后更好的复苏"。

7. 南非总统拉马福萨 2 月 16 日在立法首都开普敦会见国务院副总理孙春

兰。孙春兰表示，中方始终从战略高度和长远角度看待中南关系，愿同南方一道努力，以落实两国元首共识为重要指引，继续在涉及彼此核心利益和重大关切问题上坚定相互支持，深化治国理政和发展经验交流。

8. 非洲联盟（非盟）第 36 届首脑会议 2 月 18 日在位于埃塞俄比亚首都亚的斯亚贝巴的非盟总部开幕，加快非洲大陆自由贸易区建设、在疫情和经济社会危机下促进发展、确保非洲和平与安全以及增强非洲在国际多边机构中的代表性，成为峰会的中心议题。

9. 2 月 21 日，诺贝尔可持续发展基金会主席彼得·诺贝尔宣布，将首届可持续发展特别贡献奖授予中国气候变化事务特使解振华，以表彰他对全球应对气候变化以及可持续发展事业的巨大贡献。

10. 外交部网站 2 月 24 日发布《关于政治解决乌克兰危机的中国立场》。主要包含以下 12 个部分：一、尊重各国主权；二、摒弃冷战思维；三、停火止战；四、启动和谈；五、解决人道危机；六、保护平民和战俘；七、维护核电站安全；八、减少战略风险；九、保障粮食外运；十、停止单边制裁；十一、确保产业链供应链稳定；十二、推动战后重建。

11. 为期两天的二十国集团（G20）财长和央行行长会议 2 月 25 日在印度南部城市班加罗尔结束。会议呼吁加强国际政策合作，推动全球经济实现强劲、可持续、平衡和包容性增长。

### 3 月国际时事热点

1. 3 月 2 日，外交部长秦刚在新德里出席二十国集团外长会。秦刚提出三项建议：一是加强宏观经济政策协调，维护粮食和能源安全；二是完善全球经济治理，如期完成国际货币基金组织第 16 轮份额总检查，开展世界银行股权审议；三是加强国际发展合作。

2. 2023 世界工程日系列庆祝活动于 3 月 2 日至 4 日在西班牙马德里举行。中国科协组织的工程科技领域专家代表团在活动多个论坛上与国际同行开展交流，展示了中国愿与国际工程界加强交流与合作、为世界贡献更多工程智慧和力量的开放态度。

3. 3 月 6 日，由中央广播电视总台亚欧总站与哈萨克斯坦阿塔梅肯电视台联合制作的哈萨克语版两会新闻资讯特别板块在阿塔梅肯电视台播出。

4. 3 月 8 日，中国驻荷兰大使谈践代表中方正式向《取消外国公文书认证要求的公约》保管机关荷兰外交部递交加入书，标志着中国正式加入该公约。11 月上旬，《取消外国公文书认证要求的公约》将在中国生效实施。其将带来两大红利：一是大幅降低文书跨国流转的时间和经济成本；二是优化营商环境。

5. 3 月 10 日，中共中央政治局委员、中央外办主任王毅在北京主持沙特和伊朗对话闭幕式。沙特国务大臣兼国家安全顾问艾班、伊朗最高国家安全委员会秘书沙姆哈尼出席。沙伊达成北京协议，中沙伊三方签署并发表联合声明，宣布沙伊双方同意恢复外交关系，强调三方将共同努力，维护国际关系基本准则，促进国际地区和平与安全。

6. 3 月 14 日，国家主席习近平致电鲍德尔，祝贺他就任尼泊尔总统。习近平指出，中国和尼泊尔是山水相连的友好邻邦。自 1955 年建交以来，中尼关系始终保持健康稳定发展，树立了大小国家间和平共处、友好互助的典范。

7. 中共中央政治局常委、全国人大常委会委员长赵乐际 3 月 27 日在北京人民大会堂以视频方式同越共中央政治局委员、越南国会主席王庭惠举行会谈。赵乐际表示，中越在推进各自社会主义建设进程中，走出了一条不同于西方民主的社会主义民主建设道路，展示了中越社会主义民主的强大生命力。全过程人民民主是中国共产党领导人民创建的新型政治文明形态。

8. 联合国大会 3 月 27 日举行活动纪念"奴隶制和跨大西洋贩卖奴隶行为受害者国际日"。中国常驻联合国代表团临时代办戴兵在活动上发言，呼吁有关国家采取切实行动，消除一切形式的种族主义和种族歧视，真正将保护人权落到实处。

9. 埃及总统塞西 3 月 30 日颁布一项总统令，同意埃及加入金砖国家新开发银行。

10. 俄罗斯总统普京 3 月 31 日签署命令，批准新版《俄罗斯联邦外交政策构想》。根据该构想，俄将进一步加强与中国的全面战略协作伙伴关系，发展双方在各领域的互利合作，与中国在国际舞台上相互支持、加强协调，以确保欧亚大陆和世界其他地区的安全、稳定和可持续发展。

## 4 月国际时事热点

1. 国务委员兼外长秦刚 4 月 3 日在北京会见国际移民组织总干事维托里诺。秦刚表示，当前，完善全球移民治理势在必行。国际社会应当保障移民的正当权益，坚持多边合作，坚持标本兼治、综合治理。

2. 北大西洋公约组织（北约）4 月 4 日下午在其位于布鲁塞尔的总部举行芬兰加入北约仪式。芬兰成为北约第 31 个成员国。

3. 4 月 6 日下午，国家主席习近平在人民大会堂同法国总统马克龙、欧盟委员会主席冯德莱恩举行中法欧三方会晤。2023 年是中国同欧盟建立全面战略伙伴关系 20 周年。中方愿同欧方一道，把握好中欧关系发展大方向和主基调，全面重启各层级交往，激活各领域互利合作，排除干扰和挑战，为中欧关系发展和世界和平、稳定、繁荣注入新动力。

4. 4 月 12 日，中国外交部发布《关于阿富汗问题的中国立场》文件。中国对阿富汗问题有如下立场：一、坚持"三个尊重""三个从不"。二、支持阿富汗温和稳健施政。三、支持阿富汗和平重建。四、支持阿富汗坚决有力打恐。五、呼吁加强反恐双多边合作。六、合作打击踞阿"三股势力"。七、敦促美国切实对阿富汗履约担责。八、反对域外势力干预渗透阿富汗。九、增进涉阿富汗问题国际地区协调。十、协助解决阿富汗人道和难民问题。十一、支持阿富汗禁毒。

5. 4 月 13 日，国务委员兼外长秦刚在撒马尔罕出席第四次阿富汗邻国外长会。秦刚强调，一家有事、四邻难安。共同助阿提升反恐能力提出了以下几点建议：一是严打踞阿恐怖势力；二是敦促美方履行责任；三是呼吁阿塔包容建政；四是开展涉阿务实合作。

6. 4 月 14 日下午，国家主席习近平在人民大会堂同来华进行国事访问的巴西总统卢拉举行会谈。习近平强调，今年是中巴建立战略伙伴关系 30 周年，明年将迎来两国建交 50 周年。双方发表了《中华人民共和国和巴西联邦共和国关于深化全面战略伙伴关系的联合声明》。

7. 4 月 19 日下午，国家主席习近平在人民大会堂同来华进行国事访问的加蓬总统邦戈举行会谈。两国元首决定将中加全面合作伙伴关系提升为全面战略合作伙伴关系。

8. 联合国教科文组织 4 月 24 日宣布，加纳首都阿克拉正式接棒墨西哥瓜达拉哈拉市，成为 2023 年"世界图书之都"。

9. "2023 中国—东盟农业发展和粮食安全合作年"开幕式 4 月 25 日在北京举行。中共中央政治局委员、国务院副总理刘国中表示，中国政府高度重视与东盟国家农业合作。习近平主席提出共建和平、安宁、繁荣、美丽、友好"五大家园"，宣布发起中国东盟农业绿色发展行动计划。

10. 国务院总理李强 4 月 27 日上午在中南海紫光阁会见世界知识产权组织总干事邓鸿森。李强表示，今年是中国与世界知识产权组织合作五十周年。李强强调，知识产权制度是激励创新的催化剂、经济发展的加速器。随着人工智能、物联网等新技术和数字经济的发展，知识产权工作面临许多新的课题和挑战。

11. 第 22 届"汉语桥"世界大学生中文比赛巴西赛区三年来的首次线下比赛 4 月 29 日在巴西利亚大学落幕，伯南布哥联邦大学孔子学院学生加布里埃尔·贝沙拉获得冠军。

## 5 月国际时事热点

1. 美国加利福尼亚州金融保护和创新局 5 月 1 日宣布关闭第一共和银行，由银行业监管机构联邦储蓄保险公司接管。

2. 商务部 5 月 5 日对外发布数据显示，2012 年以来，中国与中东欧国家贸易年均增长 8.1%，中国自中东欧国家进口年均增长 9.2%。

3. 5 月 5 日，国务委员兼外长秦刚在印度果阿出席上海合作组织成员国外长会。秦刚提出五点建议：一要坚持战略自主，加强团结互信。二要深化安全合作，守护地区和平。三要倡导开放包容，促进联动发展。四要坚守公平正义，完善全球治理。五要着眼长远发展，加强机制建设。

4. 奥地利毛特豪森集中营纪念馆 5 月 7 日举行活动，纪念集中营解放 78 周年。中国驻奥地利大使亓玫参加纪念活动，并向遇难中国同胞纪念牌敬献花圈。

5. 5 月 8 日，国务委员兼外长秦刚在北京会见美国驻华大使伯恩斯。秦刚说，中方将坚持按照习近平主席提出的相互尊重、和平共处、合作共赢的原则处理中美关系。

6. 第 42 届东盟峰会 5 月 10 日在印度尼西亚东部旅游小城纳闽巴霍开幕。印尼总统佐科呼吁成员国加强团结与经济一体化。今年东盟峰会主题为"东盟要旨：增长的中心"。

7. 联合国大会 5 月 16 日通过决议，指定每年 11 月 26 日为世界可持续交通运输日。

8. 尼泊尔知名登山向导凯米·瑞塔·夏尔巴 5 月 17 日从南坡登顶珠穆朗玛峰，创造第 27 次登顶这座世界最高峰的新纪录。

9. 第十五届金砖国家学术论坛 5 月 14 日至 17 日在南非开普敦举行。本次论坛是新冠疫情发生以来，金砖国家智库首次在线下展开的大规模集中交流。

10. 5 月 19 日，国务委员兼外长秦刚在西安同哈萨克斯坦总统托卡耶夫、副总理兼外长努尔特列乌共同出席哈萨克斯坦驻西安总领事馆开馆仪式。哈萨克斯坦驻西安总领馆是哈萨克斯坦在中国设立的第三个总领馆，也是中亚国家在中国西部地区设立的首个领事机构。

11. 第 76 届世界卫生大会 5 月 21 日在瑞士日内瓦开幕，本届大会的主题是"世卫组织成立 75 年：拯救生命，推动人人健康"。

12. 5 月 24 日，国家主席习近平同厄立特里亚总统伊萨亚斯互致贺电，庆祝两国建交 30 周年。习近平强调，我高度重视中厄关系发展，愿同伊萨亚斯总统一道努力，以两国建交 30 周年为契机，巩固相互支持，加强全方位合作，推动中厄战略伙伴关系不断迈上新台阶。

## 6 月国际时事热点

1.《区域全面经济伙伴关系协定》（RCEP）2023 年 6 月 2 日起对菲律宾生效，这标志着 RCEP 对 15 个成员国全面生效，全球最大自贸区进入全面实施新阶段。

2. 全国人大常委会委员长赵乐际 6 月 2 日在人民大会堂会见阿根廷众议长莫雷阿乌。赵乐际表示，阿根廷是中国的好朋友、好伙伴。希望两国立法机构密切各层级友好交往，加强立法经验交流，不断丰富中阿全面战略伙伴关系内涵。

3. 6 月 11 日上午，洪都拉斯驻华大使馆在北京开馆，洪都拉斯外长雷纳和中国外长秦刚共同为大使馆揭牌。2023 年 3 月 25 日，洪都拉斯外交部发表声明，正式宣布与中国台湾"断交"。次日，中国同洪都拉斯签署《中华人民共和国和洪都拉斯共和国关于建立外交关系的联合公报》，确定两国建立大使级外交关系。洪都拉斯成为中国的第 182 个建交国。

4. 中阿合作论坛第十届企业家大会暨第八届投资研讨会 6 月 11 日在沙特阿拉伯首都利雅得举行，来自 20 余个国家的逾 3000 名代表参会，以"中阿携手、共创繁荣"为主题。

5. 联合国教科文组织"人与生物圈计划"国际协调理事会 6 月 12 日在巴黎举行的会议上审议决定，第五届世界生物圈保护区大会将于 2025 年 9 月 22 日至 27 日在中国杭州举办。这将是世界生物圈保护区大会首次在中国举办，也是该大会首次在亚太地区举办。

6. 联合国工业发展组织（工发组织）6 月 15 日宣布，将于 2023 年 7 月与华为公司等国际企业共同成立全球工业和制造业人工智能联盟，致力于构建共同协作、知识共享的平台，推动人工智能技术在工业与制造领域的创新和应用，促进数字经济发展。

7. 2023 年欧盟中国商会"中欧商业高峰论坛"6 月 16 日在比利时布鲁塞尔举行，本次峰会旨在为中欧商贸繁荣搭建桥梁，峰会期间还举办了主题为"中欧绿色、数字发展与合作"和"商会——合作的平台"分论坛。

8. 第 16 届世界夏季特殊奥林匹克运动会 6 月 17 日晚在柏林奥林匹克体育场举行开幕式，来自约 190 个成员组织的 7000 余名特奥运动员将参加 26 个项目的比赛。这是德国首次举办世界夏季特奥会。

9. 6 月 19 日晚，外交部美大司司长杨涛就美国国务卿布林肯访华向中外媒体吹风。杨涛介绍了中美双方达成的五项共识。一是双方同意共同落实两国元首巴厘岛会晤达成的重要共识，有效管控分歧，推进对话交流合作。二是双方同意保持高层交往。布林肯国务卿邀请国务委员兼外长秦刚访美，秦刚表示愿在双方方便时访美。三是双方同意继续推进中美关系指导原则磋商。四是双方同意继续推进中美联合工作组磋商。五是双方同意鼓励扩大两国人文和教育交流。

10. 6月22日，雅万高铁联调联试综合检测列车运行时速首次达到350公里，标志着雅万高铁已达到设计速度标准，实现了联调联试阶段性任务目标。

11. 6月23日，巴黎奥组委在索邦大学大礼堂公布了2024年夏季奥运会的火炬传递路线，该传递路线以"先行者的传递"为主题，将从2024年5月8日开始在法国进行为期两个多月的传递。

# 参考文献

[1] 习近平：《在学习贯彻习近平新时代中国特色社会主义思想主题教育工作会议上的讲话》，《求是》2023 年第 9 期。

[2] 习近平：《在二十届中央政治局第四次集体学习时的讲话》，《求是》2023 年第 10 期。

[3] 任理轩：《坚持不懈用习近平新时代中国特色社会主义思想凝心铸魂》，《人民日报》2023 年 4 月 1 日。

[4] 穆兆勇：《充分发挥全面从严治党的政治引领和政治保障作用》，《光明日报》2023 年 5 月 18 日。

[5] 任平：《全面从严治党是党永葆生机活力、走好新的赶考之路的必由之路》，《人民日报》2023 年 4 月 3 日。

[6] 习近平：《全面从严治党探索出依靠党的自我革命跳出历史周期率的成功路径》，《求是》2023 年第 3 期。

[7] 江苏省习近平新时代中国特色社会主义思想研究中心：《牢牢把握高质量发展这个首要任务》，《人民日报》2023 年 3 月 28 日。

[8] 中共全国工商联党组：《坚定不移促进民营经济发展壮大》，《求是》2023 年第 4 期。

[9] 韩文秀：《加快建设现代化产业体系的基本要求和重点任务》，《人民日报》2023 年 6 月 1 日。

[10] 高中华：《以教育、科技、人才一体化战略布局，夯实中国式现代化建设人才》，中国社会科学网，http://cssn.cn/skqns/skqns_qnzs/202212/t20221228_5574923.shtml。

[11] 江涌：《全面推动教育现代化发展走在前列》，《中国教育报》2023 年 5 月 24 日。

[12] 管培俊：《在教育强国建设中充分发挥高等教育龙头作用》，《光明日报》2023 年 6 月 27 日。

[13]《为强国建设民族复兴注入不竭精神动力》，《人民日报》2023 年 6 月 1 日。

[14] 陈理：《在"两个结合"中建设中华民族现代文明》，《人民政协报》2023 年 6 月 20 日。

[15] 张烁：《汇聚起促进祖国统一和民族复兴的磅礴伟力》，《人民日报》2023 年 5 月 7 日。

[16] 国务院港澳办党组理论学习中心组：《深学笃行习近平总书记关于港澳工作的重要论述　推进新时代新征程"一国两制"实践行稳致远》，《光明日报》2023年6月5日。

[17] 徐秀军：《为世界经济复苏提供中国动力》，《光明日报》2023年3月13日。

[18] 中国社会科学院世界经济与政治研究所、国家全球战略智库课题组：《2023年全球九大趋势展望》，《光明日报》2023年2月1日。

[19] 李向阳：《"一带一路"：向世界提供公共产品》，《经济日报》2023年1月19日。

[20] 周进：《共建"一带一路"为世界作出重要贡献》，《光明日报》2023年5月31日。

[21] 王毅：《矢志民族复兴，胸怀人类命运　奋进中国特色大国外交新征程》，《求是》2023年第1期。

[22] 徐步：《不断提升我国国际影响力、感召力、塑造力》，《人民日报》2023年6月9日。

[23] 张馨：《全球文明倡议照亮各国携手构建人类命运共同体大道》，《学习时报》2023年6月23日。